Gustavo Bazo Pàez

Sueños despiertos

AF154073

Gustavo Bazo Pàez

Sueños despiertos

JustFiction Edition

Cover image: www.ingimage.com

Publisher:
JustFiction! Edition
is a trademark of
International Book Market Service Ltd., member of OmniScriptum Publishing Group
17 Meldrum Street, Beau Bassin 71504, Mauritius

Printed at: see last page
ISBN: 978-620-0-10485-4

Puedo

Puedo *enredarme en la noche con mis ojos.*
Puedo soñarla hasta que suenen las horas.
Puedo mirar más allá de mi sombra.
Puedo observarla sentada *en la alfombra.*
Puedo observar el pensar...
Puedes, entonces...mirar *el proceso.*
Puedo intentar hacer, y dejar deshacer.
Puedo comprender que no necesito crecer.
Puedo caer, levantarme... ¡y caer otra vez!

Puedo mirar hacia lo que parece... me hace rodar...
otra vez...
... Puedo reír; y también llorar.
Puedo ver hacia la paz.
Puedo mirar desde la luz...
hacia el *espacio oscuro y vacío.*
Puedo ir... y volver...
en ese juego... que es sólo mío.
...
Puedo reconocerte o desconocer-me cada mañana al despertar...
Puedo aceptar la hora en que te vas.
Puedo ver mi rostro en mi hermano.
Puedo cegarme... y, a veces, soltar su mano.
Puedo decirte sin usar las palabras.
Puedo escucharte mientras no me hablas.
Puedo escribir sin saber qué se escribe...
Podemos, luego...bailar *la canción...*

Puedo dibujar sobre una noche de verano.
Podemos *reír cuando el sol se acuesta a nuestro lado.*
Puedo leer la señal que se envía.
Puedo comprender que todos son símbolos.
Puedo dormir y creer lo que vivo.
Puedo mirar, y ver... *que es sólo un sueño.*
Puedo equivocarme, y hacerlo otra vez...
Puedo elegir que se corrija mi mirada al revés.
...
Puedo olvidar... y no ser.
Puedo negarme y esconderme;
Puedo reconocerte y poder verme;
Puedo volver a encontrarme.
Puedo lo que tú *puedes,*
sólo que.... parece... aún no lo sospechas;
puedo, *luego... esperar que* lo sepas.
...
Puedo nacer, soñar y creer.
Puedo reconocer, recordar...y despertar.
Puedo elegir la ruta que apunta hacia al Hogar.
¡Puedo observar tu dolor!
Puedo decirlo porque he conocido *su olor;*
puedo comprender que es ajeno a los dos.
Puedo encontrarme contigo en la vía.
Puedo perdonarme, y ver juntos la misma salida.
Podemos, *entonces, descubrir lo que ¡siempre* está *ahí!*
Puedo, tal vez... continuar pintando el papel;
¡puedo distraerme en lo que es la babel!
¡Puedo atravesar la noche perdida!

Puedo, en la ruta…dejar sanar las heridas.

… Puedo ocultarme y que nadie me vea;

Puedo sentir que no es esa la idea.

Puedo creer que existen las barreras.

Puedo reírme de aquel viejo miedo.

Puedo leer la extraña escritura.

Podemos descansar en el silencio que anida el alma…

Puedo decir que sí…

Puedo decir que no….

¡Puedo saber que siempre soy yo!

Podemos permitirnos flotar nuevamente… en el mar…

Puede aparecer el punto final…

Puedes…

24 - 02 - 07 - 9.57 pm

Lírica al despertar

Hay grietas en el corazón
que vas sanando en el tiempo.
A veces, uno se refugia en la noche
porque no encuentra ningún otro lugar.
El niño ha llorado y reído,
pero, también se ha escondido.
A veces, uno se refugia en la noche,
y la convierte en su hogar.
Hubo grietas en mi corazón
que hoy ya no están;
si las dejas…solas se van.
He respirado tanto
que en el aire me he convertido;
puedo mirar por tus ojos
y sentir tus pensamientos,
es por eso que te puedo decir

que las cargas hay que dejarlas ir.
Hay grietas en el corazón
que van cimentando tu tesón.
A veces, vas muy aprisa...
viajando como la brisa.
El niño ha llorado y reído,
y en vuelto en el amor, ha crecido...

21 - 10 - 06 - 8.16 am

Juego de palabras

El juego de palabras siempre viene hacia mí,
rodeado de cometas veo un cielo surgir.
...Encuentro las estrellas...que hablan sin decir,
y un rayo misterioso se anida en el sentir.
La vida es un sueño que vive ahora en mí,
misterios y señales,
tú puedes intuir.
La mirada *del* testigo *ayuda a comprender*
que todo está en los ojos... ¡dormidos o al revés!
... Entonces, puedo ver la vida entera
que viene hoy ¡a mí de una manera!
... Un tiempo que sucede envuelto en eternidad,
las luces encendidas están ¡en todo lugar!,
y un viento singular que me acompaña
empuja mi razón...la desentraña.
La voz del corazón ilumina el vivir de lo soñado,
y las luces de alguna estrella se dibujan sobre el jardín.

El juego de palabras siempre viene hacia mí,
envuelto en algún aroma veo a la noche dormir.
Encuentro los destellos que dicen sin hablar,
y un rayo silencioso se clava ¡en el sentir!
El tiempo es un truco que disfraza la verdad,
las luces del camino ¡despiertan el soñar!

Entonces, puedo ver el mundo de una manera,
y mis ojos en silencio miran la otra ribera.

4

El juego de palabras siempre viene hacia mí,
y va en busca de otro cielos
¡al terminar de escribir!

Rima y prosa bailan en cualquier lugar,
personajes que inventan un idioma universal.

Es sólo un tiempo de la vida que hoy me viene a visitar,
rodeado de palabras reposo en el diván.

Tal vez se pueda comprender lo que ahora

no se puede contener.

¡Este momento va a terminar!

El juego de palabras siempre llega a ti...

7 - 2 - 10

Miradas

...Y fue cuando te vi
en poesía,
cantando tu canción
de noche y de día,

envuelta en ilusión y fantasía;
fue allí que comprendí
lo que veías.

Y fue cuando te vi
sin tus corazas,
tan frágil e infantil
envuelta en llamas!

Fue entonces que soñé
que te esperaba,
sentado en mi jardín
de madrugada.

En tanto la canción
sólo decía...
¡no existe la ilusión ni fantasías!,
¡tan sólo brilla un sol
en tu morada!,
!aquella bella Luz
que te acompaña!

Y fue cuando te vi
en tu programa,
estrellas invoqué...
y a las palabras.

Fue entonces que te hallé
en mi mirada,
aquella no eras tú
sino tu espalda.

Entiendo que tal vez
tú no me veas,
viajando junto a ti
por la vereda.

Y fue cuando te vi
entre tus sueños,
guardando la ilusión
bajo tu almohada.

Comprendo que esta vez
son sólo sueños,
¡espera amanecer
detrás de ellos!

...
Y fue que hoy te vi,
en primavera,
rodeada de esplendor
y luna llena,
... entonces pude ver...

8 - 2 - 09 - 6.37 pm

Gina

¡Gina!, estrella escondida,
¡ven, y mira a tu vida!
¡Descubre el amor!

¡Oh, Gina!, sirena herida,
que sueña y no olvida,
... un viejo temor.

Recuerda....el tiempo en tus manos
es tan sólo lo que deseas mirar!

¡Gina!, mujer consentida,
ven... ¡y despierta a la vida!
¡Extiende el amor!

¡Oh, Gina!, princesa cautiva,
que llora y no olvida,
¡un viejo dolor!

Comprende... el viento que asoma
¡es sólo un idioma para tu corazón!

¡Gina!, muñeca dormida,
¡camina y perdona!;
¡remonta tu vida!,
¡sonríele al sol!

¡Oh, Gina!, ¡gaviota sin alas!
¡Que vuela perdida!;
¡que busca dormida...el amor!

Recuerda...el tiempo en tus manos,
es sólo un reflejo para tu corazón!

¡Oh, Gina!, pequeña escondida,
¡ven, y despierta tu vida!,
¡escucha tu voz!

¡Oh, Gina!, hermosa y querida!
... Tus pasos perdidos encuentran los míos,
¡bajo el mismo sol!

Comprende...el tiempo que asoma,
¡es sólo el lenguaje de tu corazón!

5 – 05 – 08 - 7.55 pm

7

Día domingo

Confieso que he vivido...
en el *cielo,* y en la *boca del abismo.*
He vivido lúcido, y *embriagado por una noche,*
¡y nuevamente lúcido!

Confieso que he reído mucho,
después de haber *llovido,*
y que cada tiempo
yo mismo lo he elegido.

¡He corrido!, tan sólo para alcanzar la demora,
... y *respirado,* a través de cada espacio.

Confieso que he vivido,
y digerido...cada pedazo *de esta vida.*
He ido adelante...y luego hacia atrás,
viajando siempre con los *demás.*

He vivido de una...y de otra manera,
de cualquier forma...¡he sido!

Confieso que *ahora* no *te he buscado,*
¡es sólo tu mar que sobre mis pies ha orillado!

Confieso que escribo en el viento,
... que a veces, voy más allá de algún *lugar y tiempo,*
y que tan sólo expreso lo que *siento...*

... He buscado en el lugar equivocado,
me he confundido al intentar buscar,
y ahora...
¡sólo miro la luz detrás de aquel disfraz!

Confieso lo que no deseo *esconder,*

entiendo que no hay mucho que perder.
¡Confieso que sólo existe el amor!,
que es sólo un sueño el temor.

Confieso que la luna he contemplado,
y que en silencio he acogido
todas las palabras que me ha ofrecido.

¡Que he volado,
con los ojos cerrados!,
que las estrellas he abrazado,
y que siempre hacia *mi hogar he señalado.*

He sido de una
o de otra manera,
¡pero sólo soy uno más allá de las eras!

Confieso que he ido, y regresado...
y que mi vida,
en un viaje he convertido.

He dejado, a veces, la razón,
para poder tener *cierta visión.*
He llegado más allá de mi insania,
para encontrar otra cordura.

¡Confieso que es el amor lo que me sostiene!,
y que el número de mi destino es el nueve.

Confieso que me he *equivocado,*
y que el aceptarlo
¡es lo mejor que me ha sucedido!

¡Confieso que sueño despierto!,
¡y que es dulce el sueño!;
que no te lo enseño,
¡pues siempre lo puedes mirar!

He vivido muy cerca a los demás,
¡ellos en mí, y yo en ellos!
¡Confieso que he visto un resplandor!,
¡y que la luz no se irá jamás!

... Confieso que he dicho, y callado, para decir otra vez!
Hoy, sólo observo el sol brillar allá en lo alto,
un domingo... ¡en mi ciudad!

25 - 01 – 09 - 2.47 pm

Eso

... Y entonces, sucede.
Sin convocarlo ni invitarlo.
No siendo viejo tampoco es nuevo.
Sucede, sólo porque siempre Es.
La metáfora no alcanza a decir...
tan sólo señala.
¿Desde dónde se puede intuir, Eso?
Sólo un atisbo.
La metáfora no alcanza...
mas, dice, la intuición.
... Entonces sucede sin suceder,
algo que tal vez no se pueda entender...
y tan sólo surge en el camino.
... Me doy cuenta que el formato
cambia a cada momento...
Así es, porque el canal está abierto.
Es difícil traducir,
pues el decir es ahora la metáfora.
Y entonces, sucede...
Es un traje que parece ser nuevo,
pero, veo que sólo es Eso...que Es.
...
El canal no se construye. No es nuevo;
tampoco viejo. Nadie lo alcanza...
es por eso que no existe la distancia.
Siempre estuvo...siempre estará.
¡Fluye en él!
Conciencia de algo que no lleva ningún
nombre, visita los espacios.
Y entonces...sucede. No importa ni la hora
ni el lugar. Pues siempre Es.
La separación es una ilusión. Sólo Uno.
La verdad siempre se te escapa,
cuando la quieres atrapar.
Sólo llegas hasta la puerta,
más allá, sólo Es.
El temor es la barrera...
El Amor es lo que nos lleva.
Las palabras llegan para decir,
sólo las he dejado continuar.

La visión conduce a la certeza,
aquella que no se puede transferir,

que tan sólo te permite mirar... para poder ver;
mientras vamos viajando en la metáfora...

16 - 5 - 09 - 7.15 pm

Escrito

Las palabras...
son sólo una herramienta
que cruzan tu momento,
para hacer-nos recordar...

...
El programa...
que percibes fuera...en la pantalla,
está escrito en tu memoria
¡que recuerdas sin cesar!

La vida...
parece ser...pero no es...
encuentra las respuestas
más allá de lo que ves.

El amor...
es un gran resplandor,

no lo busques...ni sostengas las barreras...
... déjalo ser.

La canción olvidada
es hoy, ¡el milagro!,
escucho, perdono...y me libero,
¿algo más puedo desear?

Los sueños...
sueños son,
date cuenta,
... vive atento en la ilusión.

La paz...
es lo que está detrás,

más allá del antifaz,
el silencio que recuerda nuestro Hogar.

La Luz...
es nuestra compañía;
si la ves atravesando la noche,
en el día... ¡será tu guía!

La oración...
es sólo meditación,
sin palabras ni expresión,
tan sólo la quietud del silencio...

La inspiración...
es un lugar donde puedes vivir,
no sólo es un momento,
es el rostro de tu tiempo.

Risas...
son las caricias de tu alma,
que a veces, surgen solas...
al despertar en las mañanas.

La emoción...
que apunta hacia el Cielo
es el reflejo de la Canción.
... Sientes lo que escuchas,
extiendes lo que sientes...

El camino...
es sólo recordar ¡que no hay destino!
Tan sólo cordura... o ¡desatinos!
¡Nunca me fui...nunca llegaré!

La necesidad...
es el velo que cubre lo que no ves.
La ilusión que te lleva a buscar fuera de ti.
... Siempre conservamos ¡lo que nunca hemos perdido!

Despertar...en el mundo,
es mirar dentro,
encontrar la causa que da lugar al sueño...
... No sólo mires... ¡puedes ver!

Las palabras...
son sólo una herramienta,

que cruzan el momento;
para hacer-nos recordar....

19 − 03 − 09 - 5.47 pm

Pasos

A veces voy por un camino,
sin esperar ningún destino.

Es el Amor el que me *invita,*
a *continuar en esta cita.*
Y es que la *vida* es un *misterio,*
tú, eres un poco parte de ello.

No vayas lejos a perderte,
ven al *silencio* para *encontrarte.*
Es el temor lo que te aleja;
es sólo el Amor la puerta abierta.

El nuevo sol de la mañana
penetra hoy por tu ventana;
... y puedes ver las primaveras;
¡el resplandor y lunas llenas!

A veces voy por un camino;
sólo *observando mis desatinos.*
Y es que la vida es sólo *un sueño,*
existe un *propósito...somos el medio.*

Y *muchas voces* te han *murmurando;*
¡son tantas cosas que has aceptado!
Nada está bien; nada está mal;
son sólo ojos los que miran.
Y si *tú miras desde aquel lado,*

verás los juicios *que has inventado.*

La vida va buscando al dueño;
abre tu ojo para poder verlo.
Y si tal vez me vaya lejos,
siempre estaré en el espejo.

Y digo sí; y digo no;
ése... tal vez no sea Yo.

A veces voy por un camino,
y puedo ver ángeles caídos.

El nuevo sol de la mañana
descansa hoy sobre tu frente.

Y puedes ver las *viejas cargas;*
la cuna, y las tontas plegarias.

...

Los pasos parecen avanzar
mientras pienso que puedo ir...
... siento que el espacio se agota.
Entonces, sólo intento decirte...

Anda el Amor por la vereda,
si no lo ves sólo siente que te rodea.
¡La borrasca es sólo parte de la odisea!

El aroma de la *la Fuente*
¡siempre está presente!
Es sólo la Luz...
¡que hoy nos convoca!

Sólo deseo decirte...

29 - 5 - 09 - 7.17 am

Centella

Mi rio trajo mucha agua...al llegar.
Una sábana blanca y un tibio pecho se convirtieron en mi nuevo hogar.
Al tiempo, el niño miraba perplejo. Sólo traía un recuerdo ausente del tiempo.
... Personajes, a su alrededor, cumplían cada cual un determinado rol.
¿Dónde estaba el amor? ¿Acaso dormido...o tal vez, yo estuve distraído?

Mi rio trajo mucha agua...al llegar,
corrientes cercanas lo intentaron contener.
Las páginas del libro de la vida estaban escritas en un idioma que no entendía.
Fue entonces que comenzó a transitar por *otra vía...*
¿Dónde estaba el amor? ¿Acaso dormido...¿o quizá estuve escondido?

Mi rio trajo mucha agua...al llegar.
Déjame mirar... ¡tal vez pueda ver!
Risas y cantos estuvieron acompañando cualquier lugar.

¡Tiempos de truenos y tempestad!
¿Dónde estuvo el amor? ¿Acaso dormido...o lejos del hogar?

...
Mi joven barco siempre estuvo hecho de piel...
Navegando por mares propios y ajenos...me perdí... ¡tratando de encontrarme!
Ha sido una vida vivida hasta los huesos!
Corriendo, intentando alcanzar las horas... mi día, ¡la noche se lo llevó!

Mi joven barco siempre navegó...
Fueron rutas desconocidas por las que siempre se inclinó.
La vida se encuentra en cada paso que das...
¿Dónde estaba el amor? Tal vez aún no lo veía...en mi interior.

Mi joven barco quiso abrazar toda la mar...
Perdido entre las olas naufrago más de una vez.
La estrella siempre brillo en la noche de los tiempos...
Mis ojos aún no la veían, pero ella siempre me decía...

...
Los espejos son la excusa para no mirarnos a nosotros mismos,
cuando en realidad sólo eso es lo que hacemos.
Dos, ¡estuvieron allí!, ¡con el corazón y los ojos cerrados!
El niño del ayer fue luego padre de los hijos del ahora.
El amor vislumbra una mañana, ¡antes de decir adiós!
Surcos de vida han anidado sobre mi piel...

...
Dos ojos *se cierran y uno se abre...*

Déjame mostrarte lo que he encontrado... ¡dentro de mí!
¡El amor está ahora en todos partes!
El sol ilumina el viejo camino,
los pasos encuentran sus propias huellas...

Las cosas van llegando poco a poco...otras, las vamos dejando...
Las palabras regresaron a mí por la ruta del recuerdo, ¡y me abrazaron!
Permíteme mostrarte lo que he recordado...
¡El amor siempre está a nuestro lado!

...
Envuelve el pasado en la sonrisa del ahora,
para que lo puedas mirar...sin resentimientos.
Recoge a tu paso el rostro de tu hermano,
¡y llévalo a tu hogar!
Las horas se han convertido en años
y todo aquello está ahora aquí para ser dado...
Mis pasos van por la orilla de la playa de todos...
¡Me veo para poder verte!
¡Te encuentro...para encontrarme!

8 - 6 - 10 - 12.28 pm

9.44pm

Oscuro en la habitación...

Sonidos lejanos orillan sobre mis oídos.

¡Desnudez del pensamiento!

Miro, y no veo,

abstracto se vuelve lo que rodeo.

Oscuro en la habitación...

Sombras dibujan distintas formas,

que se plasman en la pared.

¡Luz en el pensamiento!

Lo diferente, es igual...

¡sin el juicio se hace más real!

¡Claro!, en la habitación;

es sólo una circunstancia...

Sonidos cercanos se vuelven lejanos,

los medios y el fin se estrechan entre sí;

una voz descubierta va recorriendo el carril.

¡Claro!, en la habitación,

con lo distinto me vuelvo afín.

!Claridad en la mente!

Veo, y no miro...

!Abstracto en la habitación!

12 - 11 - 06 - 9.44 pm

Hay un lenguaje

Hay un lenguaje que no dice nada...y ¡todo a la vez!
Hay un lenguaje que viene y va donde tú estés.
Está conmigo en las mañanas, y en las noches cuando se vuelve abrigo.
Hay un lenguaje que no es sólo mío, ya que siempre busca compartirse contigo.
Hay un lenguaje que habla de lo que no queremos mirar,
pues hay cosas que no tienen nombre.
Siempre va conmigo, y me despierta...cuando a veces me quedo dormido.
Hay un idioma que no recuerdo donde lo aprendo,
hay un lenguaje que desde niño, conocí.
Las palabras aparecen sobre la piel, y de donde vienen es hacia donde van.
Hay un idioma que no es sólo mío, pues siempre busca compartirse contigo.
Hay un idioma que yo no construí;
hay un lenguaje que siempre nos habla...¡a ti y a mí!
Él está aquí cuando hay algo que decir,
y nos alcanza las palabras que sólo expresan un sentir.
Hay un lenguaje que viene y va donde tú estés
y nos abraza, como un viejo ¡y buen amigo!
Hay un idioma que no es sólo mío,
mas, ¡siempre busca compartirse contigo!

8 - 4 - 05 - 2.49 pm

Alguien

Tú tienes a Alguien, que está siempre en ti,
y que acompaña tu noche y tu caminar.
Tú tienes a Alguien, que se convierte en susurros...
y te envía regalos para que tú los abras.
Tú tienes a Alguien, que permite que caigas
para que luego descubras la fuerza que en ti guardas.
Alguien, que espera en la cumbre de tu montaña,
para cuando descubras tus alas ¡al despertar una mañana!
Alguien... ¡que siempre está presente!
Que te habla en cualquier parte en el que se encuentre tu caminar
y que guarda tus ojos para cuando elijas volver a presenciar.
Tú tienes a Alguien que no está en ningún lugar...y te escucha...aun, cuando no
deseas hablar; y te espera...cuando estás perdido en tu soñar.

Tú tienes a Alguien, que te dice sin hablar mientras contempla la ruta de tu
sueño...y de tu solo andar.
Tú tienes a Alguien, que está siempre por donde crees que vas...esperándote,
detrás... ¡de lo que sólo sueñas mirar!

2 - 01 - 07 - 3.20 pm

Barcos de papel

Por el mar de la babel
van los barcos de papel.
Siempre buscan un mañana
pero viven del ayer.

No distinguen la distancia
de aquel tiempo que se fue,
... y que hoy, reviven...sobre su piel.

Es así que ven su mundo,
que es reflejo de un velo turbio.
Ellos beben de la lluvia...de una noche;
que adormece cicatrices.

Es amor lo que suplican,
pero un duende se lo oculta...

Es el temor...su abrigo;
sin reconocer la luz...su amigo.

Barcos de papel, navegan solos por
los mares...de babel;
buscando lejos lo que ahora no ven.

Y es así como es la vida,
sólo podemos mirarla de otra manera... ¡cada nuevo día!
Cuando reconocemos que *la otra cara de la luna*
no es *la parte oscura...*
...
Son amigos de su infancia
que recuerdan sin saber.
Navegan solos por los mares,
que los invita al anochecer.

Y es así que en esta vida
van rasgándose la piel,
sin saber que hay un motivo
oculto en su bolsillo.

Barcos de papel...
¡Todos somos...como aquel!

24 - 09 - 09 - 7.50 am

Vieja noche

Una noche, cargada de emociones,
que envuelven mil pasiones,
y me hacen recordar.

Vieja noche, hoy recuerdo tus motivos
que siempre eran los míos,
para juntos caminar.

Esta noche encuentro un viejo amigo,
que viene y va conmigo,
por la ruta del andar.

Vieja noche...de reyes y mendigos,
que sólo son testigos,
de un momento singular.

Esta noche, la luna y las estrellas
comulgan con la orilla
de una playa sin edad.

Vieja noche...de besos escondidos,
de abrazos repetidos,
que hoy me hacen soñar.

En mi noche...rodeado de figuras,
que buscan un idioma
que los deje respirar.

Vieja noche, hoy despiertas mis sentidos
que son como latidos,
y me hacen continuar.

En mi noche, de música y poemas,
de cantos y sirenas;
que recorren por mi piel.

Vieja noche...transitando tus caminos,
olvidando los destinos
que nos puedan detener.

Esta noche...de miradas encendidas,
de palabras muy queridas,
¡que despiertan al amor!

Una noche, de risas y alegrías,
!de copas, llenas de vida!
!que juntas van hacia el mar!

Vieja noche, de recuerdos compartidos,
de historias de bolsillo;
!que van mostrando su vivir!

Vieja noche, hoy me llevas en tu coche,
mostrándome en silencio
una historia que se fue.

Esta noche el tiempo va conmigo,
y escribo mientras miro...
un paisaje universal.

Vieja noche...ahora voy por un camino,
sin buscar ningún destino,
¡ni tampoco un final!

En esta noche las horas no se esconden
tan sólo pronuncian un nombre,
que me invita a un hogar.

...Una noche, cargada de emociones,
que envolvieron mil pasiones,
y me hicieron recordar...

2 - 08 - 07 - 4.05 pm

Noches de papel

Las canciones de la noche viajan
solas en su coche...

... He *llegado* hasta *la puerta,*
la encontré un tanto *abierta.*
Pregunté por las palabras,
escuché que allí no estaban...
Regresé a *mi escenario*
a buscar mi viejo diario.
Permití ir a mis manos,
y esperé sentado en la orilla.

Las noches en las que las palabras aparecían
siempre fueron así. Nadie esperando por ellas,
tal vez tan sólo una sutil intuición que precedía
al simple hecho de poner sobre la hoja en blanco, símbolos,
que, en cuanto palabras, solas venían!
...
Es momento de escribir,
aún no sé qué me viene a visitar...

21

...
... En las noches de papel
!fui como un ángel...y piel también!
... Me recuerdo que el amor
será siempre nuestro hogar.
Cuando llores y no veas;
cuando ignores lo que sabes.
Brilla el sol sobre una luna,
¡el *resplandor* en la laguna!
Vienen solas las palabras
puedo *verlas y escucharlas.*

En las noches de verano
cuando el sol *está en tu mano,*
es momento de sentir
lo que viene y va contigo...
¡Siempre!

El camino de mi ruta
tantas veces me ha perdido...
hasta el tiempo de encontrar
¡a mi viejo y buen *Amigo!*
Él es la señal...y también mi abrigo;
... ¡las palabras del testigo!

Más allá de los teoremas,
los dilemas y *escrituras,*
puedes *ver* un horizonte
que te ofrece *un nuevo norte.*

En las noches de papel
¡he soñado...y olvidado!

...Te recuerdo que el Amor
será siempre nuestra insignia,
si lo buscas en otro lugar
¡se hará largo nuestro viaje!

En la noche o en el día
¡la visión será tu guía!
Mira atento quién es el que habla,
pues el duende se disfraza.

...Voy mirando hacia *el camino,*

hoy *los polos son el juego.*
Brilla el sol...brilla la estrella,
mas, *la luna tiene una cara oscura...*

Son los juicios *viejas cargas*
que tú llevas en *tu espalda,*
*hazte a un lado...*y las dejas,
¡pues así vendrá la calma!

En las noches de papel
¡puedo ser Ese...*o aquel!*

Navegando por los mares
vas dejando los lugares
¡que en un tiempo fueron piel!
Nuevos vientos nuevas alas
te permiten tomar vuelo,
... y despiertas... ¡en el sueño!

Te recuerdo que la paz
es la casa de tu hermano.
Si lo miras al revés
perderás lo que tú das.

... Este escrito ha terminado,
doy las gracias por ser el invitado.
... En las noches de papel
siempre habla la metáfora...

13 - 05 - 09 - 9.04 pm

Gente

Gente, que va por el mundo
tan sólo mirando ¡su propio jardín!

Gente, que abre los brazos
buscando un abrazo
¡que colme su hogar!

Gente, que va transitando
las horas a diario
¡siguiendo un trajín!

Gente, que sigue soñando
leyendo su diario,
mirando sin ver...

Gente, que crea un problema
envuelto en dilemas,
¡que busca entender!

Recuerda, la voz que te aclara
¡está siempre en tu corazón!

Gente, que sigue escuchando...
que va murmurando, ¡la vieja canción!

Gente, que vive su vida
a veces jugando,
¡un juego infantil!

Gente, ¡que va por la vida!

envuelta en creencias
¡que arrugan la piel!

Gente, que va a las iglesias
que busca respuestas:
¡en dónde está Dios!

Gente, que vive soñando
que sueña viviendo,
¡con su salvación!

Recuerda, la voz que te llama
¡está siempre en tu corazón!

Gente, ¡que va suspirando!,
¡que va convocando!
¡el juicio final!

Gente, que mira hacia el cielo
buscando el motivo

ide su proceder!

Gente, en cualquier escenario,
que lee en su diario
¡el mismo guion!

Gente, con ojos vendados,
que abrigan sentados
¡la misma opinión!

Gente, de aquí y de allá,
de cualquier otro lugar...

Recuerda, la voz que te nombra
reposa, más allá de la sombra...

¡en tu corazón!

15 - 01 – 09 - 8.05 am

Ojos

¡Ojos que no ven!
viviendo un sueño en la penumbra,
dejando atrás la luz que los alumbra.

¡Ojos que no ven!
caminan tristes en la noche,
perdiendo de vista el horizonte!

¡Ojos que no ven!
oyendo ecos del pasado,
viviendo de momentos prestados.

¡Ojos que no ven!
mirando siempre hacia los lados,
tomando rumbos errados.

¡Ojos que no ven!
colgados solos en el viento
buscando un nuevo firmamento.

25

¡Ojos que no ven!
Viajando a ciegas en el tiempo,
llevando a solas su lamento.

¡Ojos que no ven!
respirando un aroma que aprisiona,
hablando en un extraño idioma!

¡Ojos que no ven!
sólo buscan una playa
¡que los lleven hacia un mañana!

¡Ojos que no ven!
siguiendo una tenue vela,
que se pierda entre la bruma.

¡Ojos que no ven!
que quieren ver la aurora,
¡siempre algo los demora!

¡Ojos que no ven!
buscando a ciegas una huella
¡que los lleve hacia su estrella!

¡Ojos que no ven!
¡que sólo suspiran!,
durmiendo envueltos en sus sueños.

¡Ojos que no ven!
¡que sólo miran!,
... ¡la luz parece a la deriva!

24 - 11 – 05

Mi templo

Tu templo eres tú, mi templo está en mí,
no en el cuerpo que luego dejamos ir.
Y no lo podemos evitar, pues esa es nuestra realidad.
Tu hijo no nace en pecado
pese a que el señor cura te diga que estás equivocado.
Tu vida no es el sufrimiento,
sino mirar un nuevo firmamento.
La vida no es como la pintan
sino del color que tú la quieres ver.
Entonces, sotanas se enredan en el tiempo
y los ojos se pierden en cada momento.
... Hoy una lágrima cae en la vieja iglesia,
será porque su tiempo ya no respira.
Ahora, el silencio abraza el viejo templo,
tal vez porque su tiempo vive envuelto en los lamentos.

El templo está en ti y en mí...
juntos, ¡lo hacemos existir!

... El sueño no es como lo pintan,
sino del color que tù lo alcanzas a ver...

3 - 01 - 91 - 7.00 pm

Aprendí

En la soledad de un día oscuro
aprendí a descubrir mi vida
y mientras buscaba en la nada
¡el sol brillaba ¡cerca de mí!

En la soledad de un tiempo lejano
yo no me acorde de vivir;
y mientras buscaba en la noche,
¡la luz estaba dentro de mí!

Ahora, el tiempo me ofrece nuevos alimentos
y en soledad, ¡desecho mis lamentos!
Ya no hay porque llorar,

27

¡sólo ver cada mañana llegar!

Hoy la vida es un despertar,
y en compañía, *disfruto del día!*
Ahora, sólo hay un espacio en donde reír,
¡Y ver el cielo dentro de mí!

9 – 01 – 91 - 1.06 pm

Canto de sirena

   Los pasos tomaron una calle,
y con un nuevo camino se encontraron.
... El mar, estaba ahora frente a mí y una vieja historia nacía de la memoria.
Sonreí al llegar, y mi sonrisa la sembré
¡en aquél lugar!
Tu noche se había convertido en día,
y comprendí que sólo con el tiempo te *alcanzaría.*
El sol brillaba en lo alto,
y mirándote a los ojos ¡descubrí tu encanto!
... Las palabras comenzaron a brotar, y en cada una de ella se encontraba una
parte de tu llanto.
Te dije que tu dolor lo conocía,
pero que ahora...en mí ya no vivía!
... Una lágrima corría ahora a través de tu mejilla,
¡y fue un viento el que se la llevó!
Hablaste de tu vida, y de lo que tu corazón sentía!
... Tan sólo te abrace mientras sonreía
y en silencio, ¡compartí un pedazo de la vida!
El tiempo pasó, y ahora la tarde ¡era parte del día!
... El mar fue el que habló,
y en aquella playa ¡otra historia se escribió!
Te dije sin decir todo mi sentir,
y por la arena nuestros pasos se dejaron ir.
... Las horas recorrieron nuestra piel,
¡y el sol se fue hacia otro amanecer!
... La noche llegó acogiendo todas las estrellas,
y un beso, envuelto en el amor... ¡dormido se quedó!

25 - 11 - 07 - 1.53 pm

Atardecer

Cuando el día termina
envuelto en un mar de sol,
tal vez haya alguien que sonría,
que desee compartir su amor.

...Y mientras la gente camina
¡todo va tomando un color!
Ya no existen calles vacías,
¡sólo¡ un gran resplandor!

... Es un pedazo de vida
que viene hacia a mí envuelta en una canción;
ahora recuerdo lo que *alguien decía...*
aquello, ¡es mi emoción!

... Entonces, no hay rutas vacías,
algo ¡conmigo va!;
...me encuentro con la poesía,
¡palabras llenas de color!

Cuando el día termina
llega a mí un ruiseñor,
me canta sobre la vida,
¡escucho así su canción!

... Y si tal vez tú hoy no sonrías
recuerda que es sólo ilusión,
recuéstate sobre tu vida,
¡cantando aquella canción!

Es un pedazo de tiempo
que se va envuelto en el sol.
... La estrella es hoy mi guarida,
¡mi templo está donde voy!

17 - 02 - 09 - 6.47 pm

29

Luz extraña

El aparente invierno en tu alma
se desvanece, cuando tu ojo logra mirar más allá
de las nubes...hacia el cielo en tu mente.
Una extraña luz se manifiesta entonces...
en ningún lugar.
... No puedes decirlo...las palabras escapan,
se ocultan...no alcanzan.
...
...Van dos por el camino, pero sólo tú...eres.
No obstante, aquél ("yo") a nublado el cielo en tu mente.
Tu olvido parece hacerse presente en tu hogar. ¡No logras ver!

Tan sólo la noche que soñaste...y tu aparente separación.
...

... Voces y risas llegan hasta tu puerta. ¿Dónde estás tú?
... Pareces dormir en la eterna habitación, mientras la canción
olvidada murmulla cerca de ti.
... Ahora, palabras que dibujan un dulce sueño rodean tu altar.
Eterno Hijo de la Eternidad tus labios comienzan a hablar,
desde la luminosa cueva de tu boca...
Resplandor que inunda todos los paisajes de un mundo...
¡Camina!, derramando el amor por la senda prometida.
...
... Por la ruta alterna parece haber caminado un viajero.
En su sueño, dormido...entre sus aparentes pasos parece haberse perdido...
mas, ¡nunca ha dejado de ser!

¡Luz extraña corre por sus ojos!
¡Luz extraña abre los cerrojos!
¡Luz extraña...permite un dulce sueño!
...
El aparente sueño en tu mente
desvanece, cuando la lluvia de estrellas
se precipita desde un cielo más allá de las nubes.
Una extraña luz se manifiesta entonces...
en tu hogar.
... Sólo puedes intuirlo...las palabras se prestan...
la luz ilumina el camino...¡del retorno!

7 -10 -09 - 5.45 pm

Nocturno

... En algún momento sin tiempo,
la Unidad se extendió como un viento;
sólo un sueño se separó de lo eterno...
inventando así el juego-sueño del pensamiento.
Más allá de los sueños del juego
se extiende sólo una Estrella...
que siempre brilla, sin necesidad de ningún espacio.
En algún momento del tiempo el espacio fue el hogar de los sueños;
la Unidad se mantuvo en Silencio...y un falso pensamiento parecía darle origen
al sueño...de separación.
Más allá del sueño-juego del pensamiento
no existe espacio; tampoco tiempo,
sólo la Luz que ciega los ojos del ego...
...
... En algún momento sin tiempo,
soñé que soñaba, y que de mi Hogar, parecía...me alejaba.
Mis pasos recorrían tierras extrañas, mientras olvidaba ¡la Luz de la Mañana!
El Recuerdo nunca se fue de mi mente, sólo una parte velada en mi mente...
¡soñaba!
... Mis ojos cerrados tan sólo seguían sombras y rostros disfrazados...en un
mundo...
Mas, un eco callado susurró siempre en mí.

Más allá de los sueños...del comienzo y del final;
... de mí, o de ti...se extiende sólo una Estrella...en la Inmensidad.
Es nuestra Casa... ¡el Verdadero Hogar!

5 - 3 - 06 - 12.27 am

Eres

... Eres la puerta y la salida, en el juego de lo aparente.
La ola, y el mar...sin poderlos descifrar.
Eres la promesa y lo cumplido, el antes y después de lo que eres.

 Eres el escondite y lo descubierto.
El barco y el puerto...lo que no busco... ¡y encuentro!

Y sólo lo sé, sin intentar entender lo que eres.
Eres la mañana de un día sin noche, el alba que despierta en mi ojo.
Eres, porque se ha hecho necesario, y al mismo tiempo porque no lo es.
... Eres la risa y el canto; el sol que ilumina un llanto;
eres lo que me permite mirar-lo... sin miedo.
Eres el sol detrás de la lluvia;
la aparente contradicción viajando en el tiempo.

... Eres igual...mas, no diferente de aquello que es consciente de que lo diferente
es igual.
Eres el ir y el venir; el estar aquí... ¡la paz y la quietud!
Eres todo lo que puedo ser...lo posible, y no lo que quiero creer.
Eres lo que me permite alcanzar a ver... ¡y la verdad que se me escapa!
Eres el lápiz que pinta el papel, la emoción que apunta al manantial.
Eres lo que conozco, y por eso sé que eres lo que no olvido...

Eres la música de las palabras, y también la letra de la canción.
Eres todo lo que pueden ver mis ojos, y todo lo que logro ver sin ellos.
Eres la lámpara que ilumina los pasos soñados...
Eres el principio y el fin de lo que hay en mi jardín!

Eres la puerta y la salida...

7 - 10 — 04 - 7.20 pm

Hermano, amigo

Hermano amigo, hoy el tiempo nos permite recorrer un mismo camino, así, tal vez...podamos recordar que es uno solo nuestro destino.

Amigo, hermano, nadie puede llevar tu carga sobre sus hombros, mas puedes darte cuenta que es en ti en donde se halla.

¡Escucho tu corazón en mí!

... Pues, hay un espacio que está detrás de lo que miran nuestros ojos, y es ahí en el que nos podemos reconocer.

¡Escucha mi corazón en ti!

Hermano amigo, nadie puede hacerte mirar de otra manera, tan sólo quizá señalarte que hay otra forma de mirar.

Amigo, hermano, perdona lo que crees que otro te hizo, y descubre que tu juicio mantiene la culpa en tu propio hogar.

Recuerda, que en lo más profundo se encuentra tu verdad... ¡nuestra verdad! Y que los ojos que necesitas no son los que sobre tus hombros están.

Hermano amigo, mira dentro sin temor, verás que detrás de las aparentes y oscuras nubes se encuentra ¡nuestra Luz!

Hermano amigo, deja ya la cruz en donde creíste permanecer dormido, y abre el ojo que por tanto tiempo mantuviste cerrado.

Recuerda que la luz siempre está por donde tú y yo parecemos ir, tan sólo permite que tu ojo la elija...para que puedas mirar...realmente.

Amigo, hermano, hoy el tiempo nos permite recorrer el mismo camino, así, juntos... ¡podemos recordar nuestro destino!

7 - 11 - 16 - 6.16 pm

Perdidos en la noche

¡Perdidos en la noche! en cualquier lugar, recorriendo una calle sin nombre.
¡Perdidos en la noche! jugando dormidos a esconder el amor, repitiendo, una y otra vez aquel tonto y viejo error.

Reviviendo una antigua historia...haciendo despertar, al revés...la memoria.
¡Luces que aparentan dormir!; ¡sombras que aparecen!

Extraños en la noche, olvidando el equipaje que hay que descubrir en este viaje
Extraños en la noche, buscando al final de la calle lo que siempre dentro nuestro...se halla.
...
¡Luces que aparentan apagarse!; ¡sombras que aparecen!

¡Perdidos en la noche! No importa el lugar; caminando despacio... ¡recordando nuestro hogar!
¡Perdidos en la noche!, la luz al frente de cada uno...
sólo aguardando el reconocer que en uno y otro... ¡siempre está!

Viviendo una vieja historia sentada en la banca ¡del ahora!

¡Extraños en la noche!, bajo un manto de estrellas!... ¡intentando poder escucharlas!
¡Extraños en la ciudad!, atravesando cualquier viejo reproche... ¡transitando hacia el final de la noche!

¡Perdidos en la ciudad! ¡No existe el tiempo ni el lugar!,
tan sólo vislumbra el recuerdo ¡de nuestro Hogar!
¡Perdidos en la noche! Jugando, ahora, a rescatar el amor... desvaneciéndose ¡aquel viejo error!

¡Extraños en la noche! ¡Observando las sombras!
¡Sólo una luz...permanece!

21 - 07 - 05 - 7.02 pm

Si...encontrase

Si...encontrase un alma junto a la vida preguntaría al cielo si no es la mía, y en silencio...y sin pensarlo, la acogería.

Si...encontrase un alma soñando a la vida,
en mi propio sueño ella se encontraría,
y sin decir nada...
¡todo sucedería!

Si...encontrase un alma cerca a la mía, a observar el paisaje junto con ella...me sentaría,
y entre el llanto y la alegría, un destello en el camino surgiría...en un lenguaje ¡que recordaríamos!

Si...encontrase un alma junto a la mía a mirar dentro la invitaría,
y atravesando las nubes ensombrecidas...sin pronunciar palabra, nuestra misma Estrella nos hablaría...apuntando hacia aquél sueño feliz que aflore ¡lleno de vida!

Si...encontrase un alma en el camino...
nos envolveríamos en alas...
y volaríamos...

34

Y sin mediar palabras...algo se expresaría,
en un dulce sueño que nos uniría.

Si...encontrase un alma junto a la mía, nuestro espejo se reflejaría... ¡y lo
profundo!
Y mientras canta el Canto, aquél susurro...escucharíamos.

Si...encontrase un alma junto a la mía, la vida misma sonreiría,
y caminando sobre las horas, otros, recordarían...

...Si...encontrase un alma junto a la vida...no sería otra... ¡sino la mía!

18 – 01 – 07 - 11.41 pm

Besando el momento

Besando el momento
parado en la estación...

Escuchando *estoy las palabras que murmulla* un viento.
... No vengo ni voy...tan sólo recojo el momento...que acontece en el sueño del
tiempo.

... Recostado en la estación, sueño el beso... también este momento.

Ahora, ¡parece que mi propio tren invento!
...Surge un color...un aroma;
parado en la estación,
otro tren, es el que ¡ahora se asoma!
No voy...ni vengo,
en mi hogar entonces, me detengo... y observo.
Besando el momento,
¡soñando despierto!
... Aquello, va traduciendo un idioma,
que lleva mis ojos hacia el crepúsculo.

... Una callada canción acompaña el carril por donde toda va.
El silencio aparece... ¡y todo lo abraza!
Entonces, descanso en la estación...

29 - 09 - 06 - 2.17 pm

Tú y yo

Tú y yo *somos la luz de este* mundo,
y juntos vamos siguiendo las huellas del soñado camino.
Tú y yo *somos el sol de la playa de* todos,
y juntos vamos de un lado a otro ¡soñando sueños!
No importa si el mundo *corre como un loco porque en nuestro tiempo no necesitamos correr, tan sólo detenernos a* mirar-nos... *y perdonar lo que* sucede alrededor.

Tú y yo *podemos escuchar el viento soplar y así imaginarnos* ¡que volar es muy fácil!

Tú y yo *vamos juntos recorriendo una vieja jornada, y en nuestro curso...escuchando* ¡una Voz que nos *nombra!*

Tú y yo *somos la música de cada mañana...de cada noche, y nuestra* copa *la lluvia que nos refrescará. Hoy no miro hacia atrás...tampoco hacia adelante...*

Tú y yo *no somos dos, sólo* uno ¡que *se mece en la eterna cuna!*

....

Tú y yo despertamos *en nuestros días y nuestras noches, y la suave...y silenciosa brisa que susurra en nuestro* interior....*es la que nos permite seguir caminando por la inmensa playa...*¡de todos!

10 - 12 - 81 - 5.57 pm

El aparente y soñado camino

El aparente y soñado camino, es tuyo y mío...*a la vez.*
... No es distinto, *sólo que a veces...no nos* reconocemos.
El largo y soñado camino...eres tú, en mi *sueño, y yo...*en el *tuyo...*
Y paso a paso nos buscamos....*en el ciego afán de desconocer-nos.*
¡No ignores la Voz!, *que te habla de* ti ... en mí... ¡*permítete ser mi* puerta!
El aparente y soñado camino, no es más mi sueño que el tuyo,
y juntos vamos atravesando el recorrido...envueltos en un velo...
... No iremos más allá del próximo paso, pues, *allí no hay nada...*

36

¡caminemos ahora, amigo! ¡Permíteme ser tu puerta!
El largo y soñado camino... es el mismo para ti...como para mí,
sólo nos desconocemos cuando nos miramos de revés.
... No hay nada que sembrar ni cosechar, pues tan sólo perdón es
lo que podemos permitir-nos... dar-nos.
El largo y soñado camino, es nuestra calma o la tormenta... según
con quien elijamos mirar...desde dentro.
... Sano la tormenta que golpea en mí, para así poder ver el sol...que brilla en tu
rostro...
....y juntos vamos de regreso hacia el Hogar.
El aparente y soñado camino, es tuyo y mío...a la vez...es distinto
cuando nos miramos de revés.
... ¡Tan sólo puede haber una puerta!

11 - 01 - 05 - 9.56 pm

Los espejos

... Tú fuiste un espejo para mí, y yo... ¡uno para ti!
En el tuyo yo vi una parte oscura de mi; y en el mío tu miraste lo que no
aceptabas en ti.
Ahora que aquel sueño acabó, podemos observar las viejas heridas.
Fuiste un espejo para mí, y yo...¡uno para ti!
En el mío tu mirabas lo que no olvidabas,
y en el tuyo yo miraba lo que aún negaba en mí.
Ahora que el tiempo pasó podemos dejar atrás aquellos reflejos.
Los espejos parecen buscarse, mas....tan sólo llega el tiempo de encontrarse, y al
estar el uno frente al otro no descubren aún el porqué de los encuentros.

... Los espejos corren juntos por la vida;
y se atacan, sin saber...sin cordura.
Tú fuiste un espejo para mí, y yo... ¡uno para ti!
En el mío miraste lo que nunca te perdonaste,
y en el tuyo sólo miré lo que un día odie...
Yo fui un espejo para ti, y tú... ¡uno para mí!
En el tuyo sólo miré el disfraz de mi reflejo,
y en el mío tú mirabas los retazos que habitaban en tu memoria.
Ahora que aquel sueño acabó... podemos perdonar-nos... nuestro reflejo.

27 - 5 - 07

Historias

... Fuiste *un puente para mí, y al atravesarlo me permitió mirar hacia mí* mismo.
A la vez, fui para ti un personaje en tu guion...que tan sólo señalaba hacia tu propia morada. De toda forma, nuestras miradas sólo se atravesaban en el viento...para luego, volver ¡hacia nosotros mismos!

Historias, dentro de la historia *se entrelazan una y otra vez, forjando así los pasos que recorren la soñada alfombra del tiempo...*

Fuiste *para mí un cálido beso que meciéndose en el viento... ¡aún no te di!*

A la vez, fui para ti la tarde y la madrugada que (confundidas) confluían hacia ¡la noche soñada!

Como fuesen las cosas, siempre es una sola la historia...la tuya, o la mía.
... Me observo otra vez...así, como ahora podemos mirar. Escucho esta vez....*como ahora nueva mente podemos escuchar.*

... Pétalos de rosas desprenden un aroma que envuelven las calles por donde procuran ir los pasos.
Otros pies recorren el camino del tiempo que ahora trazo...

El reloj de arena da vuelta una y otra vez en su persistente afán de sostener todos los sueños. Mas, sueños son y a todos ellos alguna vez...los dejaremos.

El túnel que parecemos atravesar está lleno de ilusiones, mas... sólo son dos las emociones.
Una mira sin ver...la otra, ¡apunta hacia el Cielo!

Fuiste *para mí como la brisa que* aún *mis brazos no pudieron abrazar. A la* vez, fui *para ti como la fresca orilla por donde tus pies aún buscan caminar.*

Como fuese que juega la vida vamos todos juntos encontrándonos a veces...en la vía...
El camino por donde van los pasos es siempre de ida...en tanto uno suelta y olvida.
Fuiste *para mí de la misma manera que fui para ti...Tan sólo una historia... envuelta... ¡en* la *historia del sueño de la vida!*

7 - 09 - 13 - 6.24 pm

Deja que todo suceda

Deja que todo suceda, porque así se disuelve la vida. Deja que todo
suceda, porque así lo pide tu camino. Y no retengas más ese resentimiento, pues
es sólo el fruto de sueños heridos.

... Cada día podemos encontrarnos en el rostro de un amigo,
por eso recuerda que todos somos lo mismo...sólo que distintos.

... Porque soñando persigues lo que continúas buscando,
porque tropezando descubres que sólo estabas luchando...
...Y caminando vas mirando el transcurrir del tiempo. ¡No sueñes hacia atrás!

Deja que todo suceda, y dale al momento una nueva vía.
Deja que todo suceda, ¡porque ese es el sueño de la vida!

... Y no detengas tu vida en el ayer, tan sólo deja una flor donde antes hubo
heridas.
Deja que todo suceda y ve de la mano de tu vida.
Deja que todo suceda y dale al momento tu armonía.
Porque así como corres por el llano también vuelas por el cielo,
y como pájaro que va hacia su nido,
tú vas con él ¡a la par que el rio!

Deja que todo suceda y mira como detrás de tu llanto logras ver la aurora.
Deja que todo suceda y ríe cuando veas que las cosas solas se acomodan.

... Deja que todo suceda... ¡y vive el sueño en el ahora!

4 - 7 - 82 - 11.54 am

Jazz

¡El último baile de una noche llena de estrellas!
La última canción que complace al corazón.
... Mirando el viento que se aleja como se va...parece el tiempo.
¡Manos que se tocan que se separan una y otra vez!
Besos escondidos, que hoy se ven al revés...
¡El último baile de una noche discreta!
Noche llena de preguntas sin muchas respuestas...
Allí van los personajes; envueltos... ¡en el sueño!,
que tan sólo representan al contenido del equipaje.
Observando el momento... ¡tratando de detener el tiempo!
Bocas que se hacen una...intentando hablar un mismo idioma.
¡El último baile de una noche llena de lunas!
¡La última canción que conmueve un corazón!
... Palpando en el viento lo que existe en ese momento.
Cuerpos que se tocan sin mirarse, que se separan ¡una y otra vez!
Besos pendientes que van buscando ¡el instante presente!
Allí van los personajes, cada cual llevando al amor bajo la piel.
... El último baile de una noche ¡toda de estrellas!
Sólo una canción que complace al corazón...
¡Es sólo jazz!

24 - 5 - 05 - 12.16 pm

Sólo somos

Cuando el velo de la noche cae sobre nosotros
el tiempo parece detenerse,
y mientras nuestros cuerpos se tocan sin mirarse
una extraña idea se adueña del lugar.

Hoy, los dos recorremos un mismo camino
y nuestro destino lo vemos llegar.
Tú sueñas con volar
yo pienso en tu hogar,
¡y sólo somos dos!

Después, un tenue abrazo nos convocará.
Al mirar atrás sólo ropas quedarán,
¡y dos cuerpos hacia un lecho van!

Ahora, yo vuelo por tu aldea
y tú buscas en mí aquél intenso calor que te consuela,
¡y sólo somos uno!

Más tarde, un suspiro grave colmará mi ego
y un torrente de vida abrigará tu cuerpo. Ahora, sólo estrellas vuelan entre
nosotros y un loco torbellino se adueña del lugar...
¡y sólo somos...!

19 - 10 - 90 - 7.10 am

No sé

Te veo así tan peculiar soñando sola con tu almohada;
y es que tal vez tus noches son sólo las lunas disfrazadas.
Te siento así tan infantil jugando al juego de los dramas;
y es que quizá esa canción sólo está escrita en nuestros programas.
Te huelo así tan genital sembrando rosas en tu cama;
será por eso que aquél olor va encontrando otras ventanas.
Te observo así...llevando cruces sobre tu espalda,
... tal vez son sólo recuerdos de una lejana infancia.
Te veo así tal como me veo a mí...soltando sueños en el día;
por eso es que lo que dejamos es sólo una historia repetida.
Te escucho así...detrás del dolor que esconde las heridas,
... pero tu luz refleja un sol que ilumina nuestra avenida.

Y es que ahora me observo a mí, diciéndome...mientras te miro...
Y es que quizá tan sólo hay un decir, que le dicen poesía.
Escuchando palabras que se tallan sobre la hoja vacía...
Despertando nuestro sueño a través de las palabras.
Te veo a ti...tanto así como permito verme a mí.

Y no sé...

2014

Noche de estrellas

¡En una noche toda de estrellas
¡la diosa del cielo viene hacia mí!
Me habla, me abriga, ¡me canta!

¿Qué esconde la noche que aún no alcanzo a descubrir?

En una noche toda de estrellas
la diosa del cielo va siendo mi ser.
Me llama, me ríe, ¡me encanta!

¡Hay algo en la noche hacia donde puedo ir!

En la noche toda de estrellas
encuentro un momento ¡que siento vivir!
Ahora, el tiempo está en su lugar
y una luna colgada en el cielo ¡se convierte en mi hogar!

En una noche llena de estrellas
a cada una de ellas deseo llegar.
... Una luz misteriosa me empuja a volar;
y la diosa del cielo, me espera...¡allá arriba en nuestro altar!

17 – 03 - 06

Sensación

Tócame, no sólo con tu alma
también con tu piel,
para así poder sentir el sabor de tu miel.

Mírame, con aquél ojo escondido,
para que en algún momento puedas ver el mío.

Háblame, de una nueva manera,
sin palabras, tan sólo silencios.

Piénsame, sin tu mente racional,
sin esquemas ni dilemas
haciendo que el mirar sea natural.

Siénteme, en tu parte más cercana,
con tu esencia e inocencia.

Llámame, envuelta en el silencio
con un sólo pensamiento
¡que abrace toda la mar!
Mírame y tócame sin hablar,
llámame… y ¡siénteme sin pensar!

20 - 12 - 06 - 4.32 pm

Los ojos de la luna

Los ojos que tiene la luna
regalan señales que hoy puedo ver;
volando, a través de la bruma
¡encuentro la ruta del amanecer!

Los ojos que tienen la luna
envían mensajes que son para ti;
despierto en sueños dorados
encuentro el camino ¡que está junto a mí!

La estrella que esconde la noche
te llama y espera;
y mientras cabalgas el tiempo
los viejos lamentos ¡se alejan de ti!

Los ojos que tiene la luna
se encuentran clavados en mi corazón;
viajando, a través de la vida
¡encuentro palabras para esta canción!

Los ojos que tiene la luna
permiten que hoy pueda ver...
mientras respiro el silencio
¡no hay nada que quiera entender!

La estrella que buscan tus ojos
un nuevo camino te quiere mostrar,
envuelta en sueños dorados
¡un sólo destello podrás avistar!

Los ojos que tiene la luna
me guían y alumbran al verme pasar;
y una voz silenciosa me canta al oído: !tú eres el mar!

Los ojos que tiene la luna
encienden las luces en todo lugar,
volando, a través de los cielos
¡encuentro la ruta hacia mi hogar!

La estrella que lleva tu nombre te llama, y espera;
volando a través de la bruma, ¡tus ojos encuentran el mar!

29 - 05 - 07 - 8.15 am

Te dije

Te dije que a veces no quieres alcanzar tu destino sino que el destino te alcanza a ti.

Te dije que ese no era un viaje para dos sino para uno ¡que tiene que decir adiós!

Te dije que aunque no quisiera me tendría que alejar, y que a ellos los iba a extrañar!

Te dije que había que perdonar, y los resentimientos olvidar.

Te dije esas, y algunas cosas más.

Te dije que detrás del dolor se esconde una flor, y que la llave de la puerta ¡siempre la tienes tú!

Te dije que la vida está envuelta en sueños, y a veces...nos hablan de lo que sólo parece.

Te dije que el amor va más allá de las rutinas y costumbres, y que cuando duerme...no es fácil despertarlo.

Te dije que se podía rozar las estrellas siempre y cuando quisieses mirar hacia ellas!

Te dije que había que observar nuestras emociones, y no escucharlas como si fuesen viejas canciones.

Te dije que la noche más larga ¡se desvanece al amanecer!

Te dije que no miraras atrás, pues en sal de convertirías, y así, a ningún lugar llegarías.

Te dije esas, y otras cosas más...

Te dije que guardaba palabras que había que decir y que algunos oídos las escucharían.

Te dije que nuestros caminos están llenos de puertas y puentes, y que había que cruzarlos, antes o después.

Te dije que podía señalarte hacia el camino de salida, pero que el camino sólo era de ida.

Te dije que deseaba mostrarte lo que había hallado, pero que tenías que dejar muchas cosas de lado.

Te dije esas, y muchas cosas más. Te dije que a veces no queremos alcanzar nuestro destino, sino el destino nos alcanza...

12 – 07 - 04

Algunas veces en la noche

Algunas veces en la noche voy soñando que vivo,
siguiendo viejas huellas que algún día dejé en el camino.
Calles que invitan a seguir; escenas que no se quieren ir.
Algunas veces en la noche voy escuchando el eco de un viejo tiempo...
Dejando palabras en el viento ¡viviendo sólo el momento!
Rostros que aparecen; ideas que se desvanecen.
Algunas veces en la noche me escondo detrás del que no soy,
o tal vez, me confunda con ése...con el que voy...
... Deteniendo mi juventud, ¡haciendo todo con gratitud!
Algunas veces en la noche bebo copas de lluvia,
mientras el polvo de las estrellas ¡cae sobre mi rostro!

Caras que se desvanecen; ¡voces que aparecen!
Algunas veces en la noche voy soñando que sueño,
escuchando un sonido que se anida bajo la piel.
Bocas que hablan un mismo idioma
expresando cosas en diferente forma.
Algunas veces en la noche el tiempo es sólo ilusión
y la historia que sueño ¡se convierte en una canción!
Bailando con mi propia sombra; escuchando, a la vez, ¡una voz que me nombra!
Horas que se apagan; ¡ideas que se aclaran!
Después, ¡el día detrás de la noche!
Algunas veces en la noche voy soñando que vivo...
o tal vez, ¡sólo vivo soñando!

10 - 12 - 05 - 9.46 pm

Palabras

Es una tarde, una de tantas...como muchas.
El sol se va tímidamente, sin avisar,
 como alguien que se va ¡sin decir adiós!
 Sólo escucho una canción.
Ella hace que las palabras se impregnen en un papel cualquiera;
 pienso en alguien que no conozco...siento que sólo existe el presente, ¡tan sólo!
La melodía sigue siendo mi fiel compañera.
Como si fuese el aire que respiro;
o como una mano amiga que de alguna manera me guía.
Ahora, el blanco papel se tiñe de palabras azules.
Voy por la mitad, habrá algo más que decir,- me pregunto-.
Pienso en algún viejo recuerdo que llega a mí con un viento.
Lo recibo, y lo dejo ir...
Sólo estoy, y no necesito a nadie en este momento.
Alguna extraña luz me cubre como si fuese una cálida manta,
mientras el último rayo del sol penetra por mi ventana.
La tarde cambió de un momento a otro,
pero la luz del día aún permanece,
así podré continuar un poco más...
Voces, llantos y risas escucho a lo lejos,
serán de gente que vive y muere cada día.
Ahora, un ángel que está frente a mí...me susurrará...
Siento que sólo hay lugar para un adiós... ¡la canción se fue ya!

17 - 11 – 82

46

Cuando me vaya

Cuando me vaya no habrá nadie para decirme adiós.
No estarán ni padres, ni amigos... ¡tampoco una mujer!
Estaré solo, y en mi equipaje...habrá un recuerdo.
Y paso a paso iré caminando sin saber lo que hay más adelante.
Recogiendo todas las cosas que encuentre en el camino.
Y las sembraré dentro de mí con mis propias manos,
para cuando llegue el momento de cosecharlas ¡sean parte de mí!
Y saldrán por mi boca como blancas palomas,
volando sobre la gente; siendo parte de ellos.
Cuando esté a mitad del camino miraré hacia atrás,
pero no olvidaré lo que falta caminar todavía.
Y más adelante, encontraré a un anciano que me hará pensar en el regreso;
mas, seguiré aún mis pasos...hasta ver la noche llegar.
... Y cuando el nuevo día llegue, pensaré en el hogar, en los amigos, en la mujer
y en aquél lugar ¡que un día dejé!
Sabré así que el retorno ¡está muy cerca!
Y volveré en una tarde de verano cuando el sol se oculte en el horizonte,
y escuchando una vieja canción, ¡pediré una copa!

26 - 8 - 81 - 5.13 pm

Luna

En una tibia noche de verano
contemplo a la Luna con la vida en la mano.
La miro, la abrazo, la siento;
pero no la puedo alcanzar.
En esta tibia noche de verano
a través de una simple ventana
miro a la Luna en la inmensidad.
Un cielo rodeado de estrellas
hacen que la noche sea verdad;
pero desde un lugar en el mundo
sólo contemplo a la Luna ¡allá arriba en su altar!
Cuánto tiempo tendrá que pasar
para desde mi ventana poder volar
y en una noche toda de estrellas
¡la Luna pueda alcanzar!

26 - 02 - 91 - 9.16 pm

47

Damiselas

Cuando la noche cubre las miradas van cantando la canción,
dulces Damiselas soñadas ¡envueltas en su emoción!
Nubes *que atraviesan la luna reflejan sobre el rio hablador,*
palabras azules de plata se escriben en el viento.
Disfrazada de espinas *la rosa sonríe en su hogar.*
Silencio abrazador que envuelve el movimiento
aquieta los juegos de la mente.
¡Bailan ahora, Damiselas!,
entre los cielos dorados que iluminan la Bahía;
danza infinita de luces que aparentan dormitar.
Cuando la noche cae *sobre la almohada*
parece perderse *de vista la estrella...*
Sol de medianoche aguarda en su Morada,
allí van las Damiselas encantadas...
Cuando la noche *cubre* las miradas van *soñando el soñar,*
Damiselas de colores rondan por aquel lugar!
Viejas montañas *de sueños atraviesan el paisaje del tiempo.*
Campos de vid *endulzan los vestidos de sus ojos.*
... Un mar de plata se asoma a la orilla de las memorias;
Damiselas del arco iris sumergidas en claras espumas
solas en el viento ¡se pierden en el tiempo!
Cuando el cielo aparece cae el velo de sus rostros,
uní versos de palabras visitan su Morada.
El Amor brota a través de los ojos
y su nombre se dibuja en su frente.
... Luna encantada dibuja formas en la laguna,

reflejo de un sol naciente...

¡Sólo la flor será la que sea Una!

Alimenta la tierra fértil...

Germina la semilla...

Adhiere el fruto...

¡El nombre se ve en las estrellas!

¡El tiempo hace concesiones!

más allá de los ojos

¡Damiselas descubren la escalera!

El amor que duerme sólo cree estar

en los brazos del pequeño duende.

¡La mirada termina encontrando la Visión!

¡Lo demás, está escrito en las estrellas!

8 - 02 -11 - 4.12 pm

Escrito 2

Hoy he venido a buscarme
por los viejos caminos del tiempo....
He venido a encontrarme
en el soñado lago de los recuerdos.
No traigo heridas ni serenatas,
tan sólo palabras que me acompañan.
* Por eso lo escribo, por eso te digo*
...la vida es el sueño que sueña al olvido;
... si miras aquello que nubla tu cielo
la luz te ilumina ¡y rompe los velos!
Recuerda que hay tiempos
que buscan consuelo,
tus ojos despiertos
¡diluyen el miedo!
No busques respuestas
tan sólo hay caminos...
en ellos descubres

¡tus pies en las sombras!
Hoy, he venido a encontrar amigos
que caminan por los mundos
 de mi mundo.
Voy por la ruta alterna
que transita el camino ¡del misterio!
No traigo heridas ni serenatas
sólo una vida ¡que se desata!
No llevo equipaje ni propaganda
tan sólo los ojos que me acompañan.
Por eso he venido, pues somos hermanos
... las puertas abiertas son la luz del camino,
y envuelto en silencios me veo... ¡me rio!
Hoy, he venido a encontrar un camino,
sin destino...
y el espejo que me refleja
me muestra ahora el viejo puerto.
No traigo ropajes ni máscaras
sólo un latido que me delata;
no cargo cruces ni cicatrices,
apenas el atisbo de mis raíces.
... Hoy he venido a soñar contigo,
un sueño que despierta del olvido,
y desde la cueva de mi boca
surge la voz del testigo!
Recuerda que el tiempo en tus manos
es sólo el reflejo de tu corazón,
la luz de tus ojos...¡la inspiración!
Hoy he venido a buscarme
a través de la tenue niebla que eclipsa
nuestro verdadero rostro.
He venido a encontrarme
entre la fresca brisa del mar!
... No llevo máscaras ni divisiones,
tan sólo una vida... ¡que se desata!

6 - 05 - 10 - 4.51 pm

Tengo un sentimiento

Tengo un sentimiento *que parece un fuego lento;*
se levanta en las mañanas, y conversa con el tiempo.
... Un sentimiento *que aquí aflora,*
que aparece de la mano con la aurora;
¡entre mieles y algodones!

Tengo un sentimiento *que me envuelve;*
entibia las mañanas,
¡y siempre abre las ventanas!;
¡hacia un mundo muy grande!

Es sólo un sentimiento,
que transita las veredas
pero vuela como nube, ¡y alcanza las praderas!

Tengo un sentimiento *que abarca todo lo que ven*
mis ojos, y lo que logro ver sin ellos.

Un sentimiento, *que me permite seguir siendo*
...a través de las horas que por mi van transcurriendo.

Tengo un sentimiento *que es muy quieto;*
pero salta como un sapo,
¡cuando encuentra los azules!

Es sólo un sentimiento,
que me muestra los tesoros
que viven escondidos...y parecen aturdidos.
Un sentimiento, que a veces ríe y canta;
y otras...¡canta y ríe!

Tengo un sentimiento *que habla por los poros,*
ríe por mis ojos, y baila sobre rieles
¡que siempre busca otras pieles!

Un sentimiento...
que me hace volar en el viento,
y permite expresar ¡lo que siento!

Tengo un sentimiento...*que aflora en cada momento;*
me llama...murmulla...y acompaña!
Es sólo un sentimiento *que juega en el tiempo,*

!que es siempre como el eco!

Tengo un sentimiento que va por la cornisa
atrapando una dulce brisa,
que me regala en el silencio.

Es sólo un sentimiento...que vive sin desiertos,
que llueve sobre mi puerto y que riega todo huerto.

Tengo un sentimiento que es luna llena y sol naciente;
en la noche y en el día...siempre me ilumina!

Un sentimiento que escribe sobre un lienzo,
palabras, que llegan solas en silencio!
Es sólo un sentimiento que fluye como el rio,
buscando los espacios...

Tengo un sentimiento que parece un fuego lento;
aparece con el alba,
y se cuelga en mis mañanas...

10 - 09 - 09 - 4.47 pm

En la tarde

Una tarde...en el *tiempo.*
Sólo observo el ir y venir...
de todo, de nada.
Pedazo de *vida*
que hoy pasea por aquí;
... *rayos de sol* penetran
la *habitación.*

Mi ventana deja ahora mirar...
un mundo...
¡No hay nada allí
que no esté en mí!

... Sólo *se vive* el instante presente,

lo demás, ¡*son sólo juegos
de la mente!*

Puedo *Ver o soñar;*
puedo *entender*
que no existe el *crecer.*

*Una tarde en el viento;
las palabras van creando
lo que ahora siento.*

*El amor está presente,
¡su presencia es evidente!*

Me sumerjo en la emoción,
sólo para *decir...*
...rayos de sol me traen
una vieja canción.
¡*Aroma a crepúsculo... me abraza!*

¡*Adonde los ojos no alcanzan
a mirar,
es adonde hoy me logro asomar!
Todo está en su lugar,
entonces... ¡la canción!*

*Tiempo que transcurre
envuelto en eternidad.*
Nada está lejos,
¡sino cerca *de mi hogar!*

*... Me estoy moviendo sin necesidad
de caminar,
y es que estando sentado,
¡puedo a todo el mundo alcanzar!*

*Cielo descubierto que me permite volar,
sobre la inmensa playa
que se hace una con el mar.*

...

... Observa tus pensamientos

para que descubras la brecha.
Sueñas o regresas...

Puedes Ver o soñar,
puedes tardar en comprender
...o quizá, tan sólo caminar.

Ojos que han escuchado
las palabras del tiempo;
deja que lo viejo
¡se lo lleve el viento!

Nada se alcanza
sólo se descubre!
Mira más allá de tu infancia,
¡siente la eterna fragancia!

Tuya es aquella estrella
que no duerme...
!que brilla siempre en su estancia!

...

Mi ventana deja ahora mirar...
un mundo...
!No hay nada allí
que no esté en mí!

Sólo observo el ir y venir...
Entre sonrisas...
¡Sobre el tiempo que mece la tarde!

11 - 06 - 09 - 4.14 pm

Y estoy aquí

¡Y estoy aquí!,
mirando un mar al caminar
por las veredas...

Suelo mirar dentro
los pensamientos...
que se bifurcan...
¡Y estoy aquí!,
¡sin ir; sin regresar!,
¡dejando todo sobre un mar!

... El plan jamás falló,
sólo mostró lo que intuía.
Y mientras vivo, me bendigo,
¡ya sea rey, o tal vez mendigo!

Momento, que se sumerge en una emoción,
sólo para escuchar el color de una canción.
... Sin ir; sin regresar.

... Y voy mirando mi mundo
de alguna otra manera,
para compartirlo...
¡y que otros ojos lo vean!

No busques la razón de la idea,
es tan sólo una canción
que dentro de tu mente...
pasea.

¡Y estoy aquí!,
de pie, frente a la marea.
Sin barcos, ni puertos...sin carreteras.

Suelo mirar dentro,
y escucho atento...el otro sentido.
¡Sin ir, sin regresar!

El plan jamás falló,
sólo me mostró la fuerza del amor!
Y mientras vivo...¡río!, sentado en la silla del testigo!

Momento, que descansa colgado en el tiempo,
un viento hasta aquí llegó
sólo para decir...

¡Y estoy aquí!,
mirando lo que no se ve;
¡sin necesidad de entender!

... Suelo mirar dentro,
y escucho atento...el silencio.
¡Sin ir; sin regresar!

15 - 04 - 09 - 4.58 pm

Acércate

¡Acércate!, para vivir una aventura
en un nuevo mundo envuelto en cordura,
donde no hay nombres
.... !Sólo un Dios!

¡Acércate!, si estás segura,
para ofrecerte mi laguna
y te conviertas en la espuma
¡que brille a nuestro alrededor!

¡Acércate!, ha contemplar un nuevo espacio
en donde los ojos se abrasen,
!pues sólo tienen un mirar!

¡Acércate!, dejando atrás la vieja cuna,
y todas las creencias
¡que un día te hicieron soñar!
  ...

¡Acércate!
No lleves nada entre tus manos,
tan sólo perdona el paso de los años,
¡y escucha tu nuevo cantar!

¡Acércate!
Y trae contigo tus emociones,
para volverlas dulces canciones
¡que aniden en tu corazón!

¡Acércate!
Por el camino pedregoso,
dejando el miedo y lo tedioso,
¡que encadenaron tu libertad!

¡Acércate!
Con la piel desnuda,
sin ningún recelo o temor,
¡para que puedas mirar!

¡Acércate!
Como tú misma...
¡Y sé feliz en la laguna!

8 - 01 - 08 - 10.14 pm

Las canciones del poeta

Las palabras del poeta
 son jazmines y agua fresca;
por el mundo van cantando
las canciones de su fiesta!
Las palabras del poeta
son el vínculo del alma
que se ríe
 a carcajadas
cuando rompe la mañana!
Es su canto un sortilegio
que te puede llevar lejos...
entregados a la vida
van sanando las heridas!
Las canciones del poeta
son latido...y son piel;
van volando con el viento

y se sientan a tu mesa!
Los misterios del poeta
van versados en sus letras,
vieja magia que nos deja
descubrir lo que está cerca.
Las canciones del poeta
son el pan...y son el vino,
ellos van por el camino,
y en su espalda llevan vida!
Es posible que los veas
ocupados en su aldea;
pero el tiempo los conduce
a mezclarse en las mareas.
Sus palabras van viajando...
por el mundo...¡van saltando!
Unos oyen; otros duermen,
pero igual ¡hacen la fiesta!
Las canciones del poeta
son el sol de una mañana
que se cuelga en tu ventana,
¡para ver tu despertar!

2009

En todos nosotros

Hay Algo a mi través que se busca compartir.
No sé cómo será, o si algún nombre tendrá
sólo va por el camino ¡encontrándose a sí mismo!

... Notas celestiales encuentran su armonía
enredadas en la brisa van cantando la canción.
Hay Algo a tu través que se busca compartir...
sin saber cuál es su rostro, acompaña tu vivir!

Rayos de sol refulgen sobre los corazones abiertos.
Espacios sin puertas entregan la invitación hacia la Morada.

Hay Algo a mi través que regala un sentir!
Prados de luces bailan alegres en los ojos de aquel
que puede sonreír.

La estrella que lleva tu nombre convoca hoy tu mirar
para que alcances a ver la luz en tu espejo.

... Renace en ti, dejando de renunciar a tu esencia,
y contempla aquello que se extiende hacia lo que es lo mismo.

Si niegas tu cielo te niegas a ti,
y a la mano de aquél que va por tu mismo camino.

Hay Algo a nuestro través que habla sin decir
idioma de estrellas que murmullan en los ojos dormidos.

Observa en la ilusión tu sueño despierto.
 Suelta el falso reflejo de lo que crees ser.

Dos emociones parecen ir...
Una mira sin Ver...
¡La otra apunta hacia el cielo!

12 - 03 - 11 - 5.00 pm

Las palabras que escribo

Las palabras que escribo no son mías
sino de lo que está detrás de los ojos que las leen,
y, al darlas, puedo así recibirlas!
Las palabras que escribo vuelan a mi alrededor,
y siempre me encuentran en el hogar en donde siempre estoy.
Las palabras que escribo son siempre mi abrigo
y cuando las concibo se que pronto estarán pronto contigo,
ahora estoy aquí y ellas son como un latido,
y con su presencia ¡siento el abrazo de un amigo!
Las palabras que escribo no son mías
sino de lo que está más allá de la mano que las escribe,
y, al escribirlas, ¡puedo así compartirlas!
Las palabras que escribo vuelan a mi alrededor,
y vuelven dentro de mí a través de una puerta abierta.

Las palabras que escribo ¡son mi juego, mi alegría!;
hoy están aquí conmigo, y son como una luz ¡que me guía!
Ahora, un trozo de tiempo se ha ido, y sólo permanece un
lenguaje ¡que siempre ha existido!
Las palabras que escribo no son mías, sino...

10 - 05 - 04 - 10.08 am

Tu noche

Esta es tu noche, más que mía;
 porque tú la quieres para ti,
y yo con gusto ¡te la regalaré!
Esta es tu copa, más que mía; porque tuya es,
¡pero yo te la doy de beber!
Y escuchando una melodía tú me haces entrar en tus sueños
... mas, yo no alcanzo hacerte entrar ¡en los míos!
Estos son mis ojos, ¡y tuya es mi mirada!,
en ellos verás lo que tú quieres, ¡pero lo que no es!
Esta es tu noche, y yo seré tu luna
¡pero no el sol que te abrigará mañana!
Esta es tu vida y no deseas dejar de soñar, porque soñando se vive
lo que a veces no puede ser...
¡Adiós chica!, me voy ahora, antes que las estrellas empiezen a caer...
y tú al mirar hacia arriba, ¡pienses que yo soy tu cielo!

5 - 6 - 82 - 11.30 am

Mi paz

Tu paz es mi paz...y te rodea,
como a mí, de la misma manera.

Mi paz es tu paz...aquí, y más
allá de las Eras!

Tu luz es mi luz... ¡y es la que nos lleva!
El camino se hace Uno,

como la vereda al andar,
y en el recorrido
descubres todo lo que tú puedes dar.

Mi paz es tu paz...aquí!,
y tanto a ti como a mí inos reúne en el ahora!

Tu paz es mi paz,
en la calma detrás de la demora;
y nos renueva, en cada paso que damos
al caminar por la vereda.

Mi luz es tu luz, en donde la paz mora.
Tu paz es mí paz, en donde la luz se atesora.

El camino se hace uno al andar,
y perdonamos en cada paso de nuestro caminar.

Mi paz es tu paz, que espera en nuestra *Memoria...*
Tu luz es mi luz,
en ella está escrita inuestra verdadera historia!

24 - 12 - 08 - 10.47 am

Respira

No des tu espalda a la Vida,
ocultándote del Amor;
detén tu prisa y respira,
un nuevo aire *y color*!

Descubre que lo compartido
nunca se ha perdido,
pues lo que *sale de Sus manos*
permanece siempre en tu Nido.

En un mundo de ilusiones
vamos tejiendo contradicciones;
inventando falsos palacios
que van disfrazando nuestra libertad!

En un mundo vestido de máscaras,
dormimos en nuestras prisiones..
intentando desatar nudos
 que liberen nuestras pasiones.

Al escuchar una nueva Voz
muchas cosas quedan atrás,
 y por tu ventana,
ahora contemplas un mar!

No des tu espalda a la Vida
 tan sólo expande el amor;
detén tu prisa y respira,
el Cielo está a tu favor!

27 - 10 - 05   -   6.47 pm

Alguna vez

Alguna vez yo te busqué
por los caminos de mi historia.
Mas, nunca te hallé, tan sólo trazos de mi sombra.
Alguna vez yo te busqué
en las arenas de la playa.
Mas, sólo escuché el viejo eco en mi cabaña.
Alguna vez yo te encontré
sin darme cuenta que era a mí al que buscaba,
y proyecté, mi lado oscuro en tu pantalla.
Alguna vez yo me alejé,
dejándote las palabras...
mas no te hablé...sólo un adiós murmuré.
...
Alguna vez...miré dentro,
... hallando así lo que ocultaba,
 y perdoné, el viejo eco en mi cabaña.
...
... Alguna otra vez yo te esperé,
sentado en la banca del ahora.

Mas nunca te hallé, tan sólo una canción al atardecer.
... Alguna vez ya no te busqué,
y fue con el tiempo con el que caminé,
descubriendo así lo que soñaba.
Alguna otra vez...te encontré,
recordando, ahora,
que era a mí al que buscaba,

y fue el sol el que en la mañana...ahora hablaba.
Alguna...otra vez...

13 - 07 - 16 - 4.35 pm

No soy de aquí

No Soy de aquí...
Soy de otro lugar.
Quizá de un Hogar que parece lejano;
mas, sê que algun dia recordaré...
Llegaré a mi Hogar!,
porque soy un extraño en estas tierras.
Me iré...y recordaré, el Hogar...de donde nunca me fui.
Y algún día parecerá que hallo lo que alguna vez creí perder,
...por más que parezca estar muy lejos,
a pesar de las distancias...me iré y lo encontraré!
Será tal vez dentro de un largo y aparente tiempo,
pero, sé que volveré...
porque...sólo sé...que no soy de aquí al igual que... tú!

1975

Atravesando

Atravesando la ilusión de lo que parece ser...no siendo.
Dejando atrás de los nuevos pasos el peso de viejos años.
Trechos angostos hechos de sueños que llevan a otro sueño
de un camino abierto entre las nubes. ¡Mirando dentro!
Mía, pareció ser la montaña que yo construí...y por la que subí;
luego de rodar hacia sus faldas la estrella pude descubrir.
Atravesando la densidad de cada momento que se fue sumando...
dejando sin dejar; llevando sin llevar...todo parece...
Castillos de arena descansan en las orillas de la playa;
viejas huellas en el camino recuerdan los tiempos...
Abrasé en la noche toda la vida, y vestí de alegría y pesar.
Vieja memoria que ya no respira tan sólo refleja su tenue cantar;
...y me hace visitas por la vieja avenida.
Atravesando muros fabricados con los juegos de una falsa idea.
Se levantan intentando...se derrumban observando...
La vieja barca descubre hoy sus cubiertas anclada en el viejo muelle,
mientras los duendes de la noche bailan en sus sombras...
Mas, las arenas de otra playa refrescan las huellas de un mañana olvidado.
Atravesando la intensidad de cada momento que cabalga entre los espacios.
...Hacia donde no alcanzan los ojos es que ahora elijo mirar,
extraño idioma que nos es posible escuchar.
...
La tarde que contemplan mis ojos va danzando en su melodía,
dulce canto de alegría que se busca compartir.
El tiempo que guarda las horas descansa ahora sobre mis hombros,
quietud que se expresa en el silencio que abraza el momento.
La vida me atraviesa en el suceder de un tiempo agazapado.
Atravieso la vida en un instante envuelto en eternidad.
...
Atravesando caminos de atajos escondidos que surgen con el pasar
de los pasos callados.
Viejo juego que se muestra ante los ojos descubiertos... ¡que sólo van!
¡Mira!, al extraño que va cerca de tu mano murmurando un ayer,
sus brazos perdidos buscan asirse a su vieja noche.
Trechos angostos hechos de sueños que llevan a otro sueño
de un camino abierto entre las nubes. ¡Mirando un cielo!
Atravesando el tiempo que voy observando hacia atrás.
Todas las caras del juego estuvieron alguna vez por aquí;
las campanas del ahora anuncian la mañana.
...
Vida de caminos compartidos...dos, son sólo uno en realidad...

Años de pesadas montañas transitan en su frágil escenario,
se esparcen como nubes que sopla un viento.
El *otro* es siempre mi puerta...
...
Caminando por la piedra vertical voy viviendo el milagro,
escuchando una voz silenciosa que se deja sentir.
Atravesando el misterio que acompaña el vivir
vuelo entre el tibio viento que asoma...
Viejas huellas que se alejan entre la bruma que
recuerda los tiempos.
...
Atravesando el túnel... ¡miro su frágil cimiento!

... Sobre un tiempo que mece las horas...
¡veo el candil, alumbrar!

10 - 09 - 10 - 5.14 pm

Vida

Vida, de tiempos y cambios,
de rutas y grietas;
que vas llevando en la piel.
Vida, que sueñas,
en cada momento....
del tiempo.
Vida, que tomas y dejas,
en el viento.
Vida, que vives a diario,
que observas...
en el escenario,
de tu juego mental.
¡*Despierta!, descubre el sentido*
que vive acogido,
dentro de ti.
¡Juega, corre, vuela!
¡*vive en esta vida!,*
pero comprende que no es la verdad;
¡escucha *el aroma que está más allá!*
Vida, !que no es la real Vida!

porque ésta respira en la Eternidad.
Vida...que es nuestra consentida,
pues ella, parece dar!
¡Mira!...el falso guion
que la creencia nos da.
!Escucha!, la Voz silenciosa
que en nuestro interior está!
Vida, camino herido!
que busca el amor.
Vida, gaviota perdida
que intenta llegar...
Vida, de llantos y risas,
de idas y vueltas;
que vas llevando en la piel.
Vida, que sueñas...
en cada instante,
en todo lugar.
Vida, que tienes...
¡y luego se va!
¡Despierta!, observa en la calma
dónde es que parece...estás!
¡Escucha!, la voz silenciosa
que en tu mente susurrará.
Vida, de cuentos y mitos,
de *templos y ritos,*
de historias...sin hogar;
que van ocultando tu Faz.
Vida, de olas perdidas
que buscan orillar.
Vida, de rios turbulentos
que no encuentran *su mar!*
¡Canta, ríe, baila!,
!vive en esta vida!,
pero comprende que no es la real;
¡siente el aroma que es tu verdad!
Vida, que es tu consentida,
porque ella *parece dar...*
Vida, ¡que no es la
real Vida!,
!pues esta respira en la Eternidad!
...

Vida dual...disfrazada,
descansa hoy sobre tu almohada.

Proyección que ves en la pantalla, testimonio del sueño que te acompaña...

!Luz que ilumina el camino!, abre los ojos para descubrirlo!

Espíritu, que vive en la eternidad,

pequeño yo que intenta crecer.

¡Vida!, *que vislumbra en el sueño. Tú, ¡eres el único dueño!*

La canción olvidada se escucha otra vez...

18 - 04 - 09 - 5.15 pm

Destello

Miraré...primero, el turbio velo que oculta el horizonte,
desde un Sol que resplandece.
Recordando *una Voz más allá de la voces*
...y nuestro Nombre, *más allá de los nombres.*
Caminaré *todos los pasos que aparenten* estar en el camino,
observando bajo mis pies las sombras que en alguna noche forjé,
y elevaré mis ojos hacia un dulce sueño *que ahora me acompañe.*
...

Surgirá un nuevo mundo *desde* los ojos
y tuya será la Mirada...
Se escribirán las palabras en el viento,
y juntos entonaremos aquella Canción.
...

... Miraré *más allá de todo* lo aprendido
permitiendo que aquél suave susurro *hable en mi mente.*
Observaré *lo evidente...*y el agua se extenderá.
Soñaré, *mientras dejo de soñar...*
y miraré...*mientras permito que se me deje* ver.

... *Pues,* la vida es tan sólo una jornada envuelta en parecer,
soltamos las amarras y vamos más allá del querer.
...

Volveremos sobre los pasos que aparentaron habernos perdido,

y el Sol en el camino abrigará nuestras alas.
La Estrella que lleva nuestro nombre brillará en el firmamento
y la Puerta del Cielo acogerá lo que siempre ha sido.
...

... Sentado sobre una luna colgada...

la noche, soñada de estrellas puedo observar...

Más allá del bien y del mal...

Ahora, la Canción se deja escuchar.

18 - 02 – 16 - 8.47 pm

Azul

Suena un piano sobre la avenida...dejándonos en su recorrido... su dulce melodía,

... en este sueño que parece la vida.
¿Qué observa tu mirar mientras no Ves?
¿Qué Ves cuando poco a poco vas dejando de mirar?
... Los ojos del niño de las estrellas murmulla sobre los oídos que vislumbran algo más allá de nuestra mirada.
Ahora, luces de colores sin color revelan un pequeño atisbo en su jardín derramando sus regalos sobre su corazón.
Día y noche cabalgan juntos en lo que no es...
...

Permite que la Voz en ti aclare tu mirar, y te muestre que el camino de venida no es sino tan sólo un aparente regresar.
Suena el piano sobre la avenida...tejiendo una canción que nos susurra.
Palabras, que hoy visitan el tiempo... dicen sin decir,
y se escriben solas... sobre nubes blancas que ahora respiran.
.....

Miras atrás buscando a dios...mientras tu sueño te cubre con tu propio disfraz.
La Estrella acompaña tus pasos en el sinuoso camino...
Inventaste el ritmo y el recorrido...cuando cerraste tu ojos a la luz.
...

Es a ti al que le hablan pero no es a ti al que le digo.
Príncipe o mendigo es la ruta de nuestro aparente rio.
La luz de la estrella murmulla sobre tus ojos dormidos.
Fluye el sueño que crees haber elegido.
Miras atràs buscando a dios...mientras tu sueño te cubre con tu propio disfraz.
....

La vida es el juguete de nuestra ignorancia,
haciendo del día una noche, o de la noche ¡un nuevo día!
Amanecer que surge desde un cielo siempre azul.
La Estrella vive en el niño...
...

... Suena el piano sobre la avenida...
cuántas cosas dicen las bocas en el llano.
¿Qué observa tu mirar mientras no Ves?
¿Qué Ves cuando poco a poco vas dejando de mirar?
....

Un piano suena sobre la avenida...

más allá de la noche y el día...

Azul...

29 - 7 - 11 - 7.59 am

Metáfora

Entonces, llovieron las palabras...
... Hay dos voces en tu mente.

Siempre espera por ti ...tu Amigo,
pero, tu rio...un tiempo puede demorar.
En la noche la boca reza un canto,
es el grito que se pierde en su propia oscuridad.

Mira al rey, y al mendigo,
sé testigo de tu propio soñar.
Permite que se abra la puerta,
tal vez sea tu viejo idioma que viene a buscarte.
Hay dos voces...

Risas y llantos nos acompañaran...
sin embargo, *todo lo que miras es sólo tu soñar.*
La paz y el ruido sólo son testigos
de un desacuerdo *que tú mismo sembraste en tu* hogar.
Una apunta hacia el cielo...el otro, te impide respirar.
Hay dos voces...

Donde quiera que soplen los vientos
el caminante continua su andar.
Veo y no miro; miro y no Veo.
Hay dos voces...

La canción de la mañana llega colgada

sobre la estrella de la noche que aconteció.

...

Entonces, llovieron las palabras...
Adiós le dijiste a Dios, mas *no te has ido...*
vuelves sobre el aparente camino recorrido.
Un Eco se escucha en la cabaña,
es el canto de tu viejo Nido que murmulla sobre tu Ojo...
Hay dos voces...

Hacia donde no queremos mirar es inevitable apuntar,
dulce Luz de la Estrella que envuelve los espacios...
Si buscas Sus manos un abrazo encontrarás;
si encuentras tus brazos Sus manos te acogerán.
La Voz del Guía susurra sobre el ojo distraído,
y desde la Luz en su boca surgen mensajes
que no son de esta aldea.
Los oídos escucharán, y poco a poco
la mente recordará...debido a su Origen.
Hay dos voces...

El castillo de arena se va desmoronando
cuando la cristalina y luminosa agua
orilla sobre sus cimientos.
El guion de la demencia se va quebrando
cuando la visión del perdón se posa sobre
todo lo percibido.
Y llovieron las palabras sobre el ojo del caminante...
sentado, junto a la lámpara...a su diestra.
Lo que nos trae la mañana
es tan sólo una canción,
susurro de un viejo Canto.

....

No entiendo lo que sucede...mas, veo *lo que* escucho.

Sólo compartes lo que te ha sido dado,

y al hacerlo, das testimonio de haberlo recibido.

22 - 8 - 11 - 5.47 am

Heraldos

Heraldos de palabras cabalgan silenciosamente *sobre la aparente
silueta de la noche.*
... Se apaga la ilusión *delante de la* puerta *incrustada de luces.*
Murmullos de estrellas siembran en tus manos las llaves *que nos
acercan al* Portal.
... *Ojos, que en la noche descubren el candil que alumbra
el camino de* regreso.
Lenguaje de lo eterno se filtra *en silencio entre las hojas de* `
un árbol sembrado en el tiempo.
*Corre el agua por el canal, refrescando la mirada que
contempla el mundo de la forma.*

...

*... Vi que el cielo se abría y que de su puerta
una canción descendía.*
*Lo que te fue dado atisba nuevamente sobre los
pasos que recorren un sendero de recuerdos vanos.*
Mírame en tus ojos...en la mañana de tu noche.

...

Heraldos de luces visitan el espacio que acompaña la estación.
Tiempo *de ilusiones se desvanece en los espacios vacíos que
abriga la forma.*
El perdón no es la Verdad ¡tan sólo el camino de salida!
*Ojos que en la noche traspasan los velos que aparentaban habitar
entre tú... y aquellos.*
Date a ti mismo ¡lo que te ha sido dado en los demás!

...

En la tarde de un día la canción vino a encontrarnos,
dulce melodía que envuelve en sus alas la ruta del río.
Brisa azul de la vida murmulla alegre en el ciprés.
Lo que te fue dado trae el recuerdo de un canto olvidado.

Heraldos de luces envueltos en palabras derraman sobre el canal...

18 - 12 - 11

En todos nosotros

Hay Algo a mi través que se busca compartir.
No sé cómo será, o si algún nombre tendrá
sólo va por el camino ¡encontrándose a sí mismo!

... Notas celestiales encuentran su armonía
enredadas en la brisa van cantando la canción.

Hay Algo a tu través que se busca compartir...
sin saber cuál es su rostro, ¡acompaña tu vivir!

Rayos de sol refulgen sobre los corazones abiertos.
Espacios sin puertas entregan la invitación hacia la Morada.

Hay Algo a mi través ¡que regala un sentir!
Prados de luces bailan alegres en los ojos de aquél
que puede sonreír.

La estrella que lleva tu nombre convoca hoy tu mirar
para que alcances a ver la luz en tu espejo.

... Renace en ti, dejando de renunciar a tu esencia,
y contempla aquello que se extiende hacia lo que es lo mismo.

Si niegas tu cielo te niegas a ti,
y a la mano de aquél que va junto a ti...por el mismo camino.

Hay Algo a nuestro través que habla sin decir

idioma de estrellas que murmullan en los ojos dormidos.

Observa en la ilusión tu sueño despierto.
Suelta el falso reflejo de lo que crees ser.

Dos emociones *parecen ir...*
Una *mira sin Ver...*
¡La otra señala hacia el Cielo!

12 - 03 - 11 - 5.00 pm

Algo

Hay algo que llevo aquí
que no puedo explicar, tan sólo, a veces, intuir.
Hay algo que me llama, me susurra... ¡y me acompaña!

... Que siempre viene a mí en las mañanas!
Algo, que no puedo decir que es mío
¡tan sólo sentir que siempre está conmigo!
Algo, que hace que ría de nada
que me permite vivir en el centro del lago.
Hay algo que de algún cielo parece...llegó,
¡y dentro de mí se recordó!
Algo, que no puedo tocar
¡que no necesito alcanzar!
Hay algo que no está en el tiempo, ni en ningún lugar...
Sólo sé que es ¡en donde se encuentra mi hogar!
Hay algo que me invita a mirar, elegir... ¡y poder perdonar!
¡Que me presta alas para poder volar!
Algo, que me permite mirar...y poder alcanzar a ver,
un mundo perdonado ¡que se acuesta a mi lado!
Hay algo que va conmigo por donde voy
sin importar en el lugar en donde estoy.
Hay algo muy grande que no tiene tamaño
que no se ira con el pasar de los años!
Algo, que me muestra la libertad del momento

¡y la ruta por donde me lleva el viento!
¡Hay una luz que nos envuelve...y nos permite ver!

21 - 05 - 06 - 4.24 pm

Latido de la mañana

¡Bella es la mañana
que visita tu ventana
enredada en aromas
de jazmín!
¡Mira los destellos
Que a su paso deja ir
¡siéntate en silencio
y sé feliz en tu jardín!
!Toma las palabras
que de un canto han de surgir,
míralas de frente...déjalas vivir!

2009

Descubriendo

Bajo la frágil sombra
que a veces viene hacia mí,
...sólo una voz me nombra
¡es su boca la que deseo oír!

Dentro de un mar profundo
la ola parece surgir,
¡ya no le tengo miedo
sólo la dejo ir!

Lluvia y polvo de estrellas
vienen hoy hasta aquí,
¡es sólo mi viejo juego,
que ahora habita en mí!

Jugando con los sentidos,
que hoy parecen heridos...
¡no es que me haya ido!
¡tan sólo estoy escondido!

Perfume de la hiedra
alcanzo a percibir,
... recibe mis palabras,
¡escucha mi sentir!

31 – 12 - 08

Desirée

... La encontré una noche, en el cielo de mis sueños.
Caminaba en la penumbra cuando la vi!
... A lo lejos, entre los árboles del bosque.
!Estaba allí!, en aquel lugar...inmóvil! Su nombre llegó a mí con un
viento...envuelto en silencio.
La luz de aquella luna iluminó su rostro, y pude, entonces, ver su figura
reflejada en el lago azul.
No pronunció palabra alguna, tan sólo me miró...y yo a ella...mas, de pronto, de
respuesta recibí su adiós!
...

...Vives en un mundo que parece estar más allá,
y en aquel sueño, logré visitar!
Tu nombre aparenta estar oculto detrás de mi falso rostro
pero no hay un instante en el cual no estés junto a mí!
... A veces, vienes a mi puerto trayendo la voz que tantas veces deseo oír.
Otras, elijo ir a tu encuentro, cuando me invitas a recordar las palabras que se
van a escribir.
Y en ese ir y venir, el tiempo se pierde entre los espacios...
Te busqué cada noche en el mar de mis tontos sueños...
Mas, no te hallaba en ninguno de ellos!
...Me sentaba, a veces, sobre una luna; bajo un manto de estrellas,
y tu reflejo, de a pocos...insinuaba reflejarse en la laguna.
Hoy, tú eres la voz a la que tantas veces...me resistía,
pese a que siempre fueron siete las letras que tu nombre, y el mío, tenían.
Fue en un sueño feliz en donde te vi...y recordé...recordar.
... Solo entonces, al despertar dentro del soñar...

un soplo de Vida nos empujó hacia el Hogar!

10 - 09 - 05 - 5.09 pm

75

Únete

Únete, pues...de otra manera no te reconocerás. Y de quién te podrías separar sino no es de tu propia alma...que, a través del velo...parecemos no alcanzar verla...en los demás.

Únete, a ti...que es de lo único que crees haberte separado...y si tus ojos aún te engañan, recuerda que detrás de toda sombra...la mano de tu hermano, siempre está contigo.

Únete, más allá de las historias...de nuestros errores, y de los resentimientos que una y otra vez deseamos hacerlos presentes.

...Porque la vida viene y se va, y hacer del tiempo un lugar en donde el dolor nos pueda separar habrá sido sólo un momento en donde nuestros ojos...juntos ya no están.

Únete, pues, sino hacia ¿adónde andarás?

Únete, más allá de las creencias, que suelen a veces aparentar separarnos...pero que tan sólo nos distraen. Recordemos: sólo hay un Dios que es nuestro verdadero Hogar, y no el que hemos inventado.

Únete, al único amor que nos une...y mira más allá de las barreras que en nuestros sueños aparentan...habernos alejado...pero que en realidad nunca nos han separado.

Únete, entonces...al que juzgas, al que ignoras... y nos separamos cuando olvidamos que una sola Fuente nos hace Uno.

Únete, ahora...y siempre...porque siempre es ahora...y más allá del tiempo pasajero lo eterno permanece unido.

...Entonces, únete... en una canción, a la ribera del rio...en la orilla de nuestra playa...en el arcoíris... en cualquier atardecer o amanecer; en el desencuentro, o cuando no es el mismo nuestro parecer o nuestro verso...quizá, entonces, puedas tan sólo mira aquél que está frente a ti...

Únete, nuevamente...a la mente nueva que está siempre presente...

Únete en la luz de tu corazón...que es uno solo... ¡para ti y para aquel!

Únete, en la luz de tu mente...que alumbra cada paso que damos en cada amanecer. Únete bajo el sol, luego de haber mirado la sombra...que es lo que aparenta que no podamos reconocernos...

Únete, ¡bajo la luz del candil! ...que acompaña todos nuestros pasos...

24 - 12 - 18

Escuchando lo que él decía...

... El decía que su tiempo era el ahora. Que cuando miraba el pasado era sólo para recordar una sonrisa...y que el futuro no existía, tan sólo eran juegos de la mente.

A veces lo encontraba frente al mar, mirando el horizonte. Decía que muchas cosas estaban escritas en las estrellas, y que el sonido del mar era el idioma más antiguo: no decía nada...y todo a la vez: "La quietud del silencio interno no se altera en el transcurrir del bullicio cotidiano. Descansamos en esa calma observando las imágenes externas."

Me contó que en los últimos años había andado solo, y que en esa soledad había encontrado la más grande compañía.

Me sugería que siempre me interesara por el fondo de las cosas, dado que la superficie se encontraba disfrazada. "Ábrele la puerta a lo que aún no alcanzas a comprender. Tal vez sólo sea tu viejo idioma...que ha venido a buscarte".

... Siempre lo encontraba con una sonrisa. Una tarde me habló acerca de ello: dijo que sonreía porque sentía el deseo de hacerlo, y que muchas veces la misma no obedecía a nada específico...sin embargo, agregó que también había caminado "bajo la lluvia". La sonrisa espontánea y sin razón era como la enfermedad contagiosa más sana que podía existir, decía que la veía dibujada en rostros que tan sólo se cruzaban con él...siendo así correspondida.

Decía que el conflicto medular del ser humano era el sistema de pensamiento por el que regía su experiencia en este mundo. Un proceso del pensamiento basado en los juicios, culpas y resentimientos.

... Comentaba que a lo largo de su camino por la vida había tropezado muchas veces, resaltando el punto de que era más saludable el hacerlo que intentar ir por la misma tratando de no tropezar.

Me contó alguna vez que cuando era niño nadie le hacía caso cuando decía que experimentaba situaciones un tanto extrañas. La respuesta era siempre la misma: ¡es sólo tu imaginación!

Me habló acerca del perdón, la amistad; de la comprensión y tolerancia hacia los demás.

Alguna vez se refirió a las relaciones, diciendo que aquellas en donde el sufrimiento "mutuo" era aceptado como el cimiento en la que se sostenían estaban desprovistas de amor. Recordemos algo, dijo: en el ámbito del amor ¡nadie puede sufrir!

... Decía que el cielo no era un lugar, y que no comprendía la idea de que pudiese existir un infierno.

Muchas veces él me escuchaba atentamente cuando le comunicaba mis inquietudes. Nunca perdimos el tiempo en discusiones ociosas. No era su intención convencer a nadie de nada. El misterio de la vida se descubre a través de cada experiencia personal.

Recordaba que su niñez había sido muy intensa, rodeado de una familia numerosa y unida. Dijo también, que su juventud fue una larga borrachera que se había extendido más de la cuenta...pero que lo místico siempre había sido un susurro recurrente en él.

Habló sobre los viajes particulares, y de cómo en el camino los encuentros se iban dando. Del guía interno que todos llevamos dentro, y que no solemos escuchar por estar distraídos con esa bulla interna que también llevamos dentro.

... Decía que la manera de recordarles a nuestros semejantes la luz que tal vez estaba velada en ellos, era enseñándoles la nuestra. A la vez, no era buena idea hacerles ver que ellos de alguna manera podrían habernos afectado en alguna forma -cualquiera fuese el motivo- pues de esa manera estaríamos velando esa luz en nosotros mismos.

Me dijo que en realidad un milagro no era romper alguna estructura en el mundo físico, sino simplemente mirar a nuestro viejo enemigo como nuestro hermano. "Tu aparente adversario" eres tú mismo. Sólo que cuando estás dormido ese papel lo puede asumir...cualquier otro".

... Él decía que siempre se había sentido atraído por lo oculto, y que esa era una ruta por la que había indagado. Que animaba a los demás a mirar sin miedo ese proceso mental con el cual nos habíamos identificado, y que por estar condicionados al mismo nuestra percepción se encontraba distorsionada. "No tengamos temor de mirar dentro. La luz se encuentra ahí...detrás del miedo".

Me dijo que todo comenzaba de adentro hacia afuera. Que éramos nosotros los que le dábamos significado a toda experiencia por la que transitábamos, y que el error que no hacíamos evidente era creer lo contrario. Transcurrir la vida juzgando y culpando a los demás era tan sólo un tonto juego de víctimas y victimarios que nos mantenía prisioneros unos de otros. "Tanto en el juicio que culpa como en el perdón que sana...siempre se trata de ti".

Alguna vez me sugirió que mirase a las personas como a los dedos de la mano: al parecer están separados, mas en realidad se mantienen unidos. "Cuando discriminamos a "otros" siempre se trata de auto discriminación. Nos separamos de aquellos en el afán de creernos más especiales".

Me dijo también que la vida era como un sueño, y que los sueños felices no eran otros sino el de mirar a tus hermanos con los ojos del perdón. Agregó que "no había un mundo que miraban nuestros ojos, sino ojos que veían un mundo". Por *lo que siempre era nuestra perspectiva interna la que coloreaba nuestro mundo particular.*

... Lo encontré la otra tarde, frente a la playa. Sonrió al verme, respondí a su sonrisa sin saber el porqué. Dijo que el mar estaba hablando y que él simplemente lo escuchaba.

... "El camino es el mismo para todos, sucede que aparentan ser distintos unos de otros. Hoy nos encontramos en algún recodo y nuestros pasos convergieron en algún espacio del tiempo". Hasta pronto amigo, dijo... ¡y sonrió!
Le dije adiós, y sentí, a la vez, que una espontánea sonrisa se dibujaba en mi alma.

20 - 05 - 06 - 10.15 am